# 真面目なままで 少しだけゆるく 生きてみることにした

カウンセラー・行動心理士
Ryota

自分を消耗させないための守り方

青春出版社

# ○はじめに

本書を手にとっていただき、ありがとうございます。

**「仕事やお願い事を抱え込んでしまう」**
**「『適当』や『いい加減』が許せない」**
**「休むことに罪悪感がある」**
**「できない人のしりぬぐいをいつもさせられる」**
**「のんびりした人と仕事していて、いつもイライラする」**

そのように感じた経験はありませんか。
はじめまして。私は、カウンセラー、行動心理士として活動しているRyotaです。
HSPに悩む人をはじめとして、様々な気質や性格、考え方に寄り添いながら、
YouTubeやVoicyなどSNSで情報発信をしています。

私のところには多くの方から、日々ご相談が寄せられています。

その中でも、先ほどのような悩みを抱えている方がとても多いと感じています。仕事や働き方、人間関係や将来の不安など、悩み自体は様々なのですが、そこに「ある共通点」があると思うのです。

それは、「真面目すぎる」ということです。

このように言うと問題があるような言い方に聞こえるかもしれませんが、もちろん真面目であることは問題ではありません。仕事をこなすことにおいてはもちろん、日々の人間関係において、真面目であることは、人との約束や義理を果たし、礼儀を尽くすといったことにおいても、とても大切です。

真面目さは昔から日本人の美徳としても扱われ、実際働くうえでも生きるうえでも心強い武器になることは間違いありません。

私が伝えたいのは**「真面目は問題ではないが、『真面目がすぎる』ことには問題がある」**ということです。

■真面目すぎるがゆえに、周りから色々な仕事を押し付けられてしまう
■仕事をテキパキ終わらせるがゆえに、次々に仕事を任される
■テキトーに働く人にイライラし、人間関係でのトラブルが多い
■真面目すぎて、周りの人の話を聞きすぎ振り回されてしまう
■手を抜けない性分で、完璧を目指してしまい疲れやすい
■休むことに罪悪感があり、常に予定をパンパンにしてしまう
■真面目すぎて、精神的にも肉体的にも消耗している気がする

など。真面目であることは大切な個性であり性格ですが、それが少し強すぎると、休めなくなったり、イライラしやすくなったりして、仕事や人間関係で消耗しやすくなります。

私自身もそうでした。

「働いていない自分が許せない」
「この時間、自分の仕事はコレだから、ボーッとしていてはいけない」

「もっとできるはず」

「愚痴《ぐち》を言ってはいけない」

「最大限の結果を出さなくてはならない」

「今日決めたことは、何がなんでも守らなければならない」


このような気持ちを持っていたのです。

そういう考えで働いていたときは、肉体的にも精神的にも消耗して、疲れ切っていました。毎日が楽しくなく、生きる気力も徐々に失われていったような気がします。


でもそんな私が変われた方法があります。

それが、**「自分の真面目さを真面目なままゆるめる」**ということです。

真面目すぎることにはデメリットがあるから、真面目をやめましょう、サボりましょうということではありません。


真面目さはあなたの大切な個性であり、武器であるはずです。

それをほんの少しだけゆるめてみる。

これを意識し、考え方や休み方、働き方に対して、認識を少し変えるだけで、真面目すぎるデメリットは消えていきます。

仕事においても、**自分らしく働きながらもっとラクに成果を出せる**ようになります。そして、**周りに振り回されることが減り、感情が整いやすくなり、より良い人間関係の中で、心地よく生きることができる**ようになるはずです。

この本が、あなたらしさを取り戻し、より生きやすく、より成果を生み出すきっかけになれば、著者としてこれほど嬉しいことはありません。

Ryota

目次

## 第2章 「真面目すぎる」をゆるめるレッスン

## 第3章 より成果が出る「手を抜く」レッスン

第4章

## 自分をゆるめる「休み方」のレッスン

## 第5章 もっと生きやすくなる「他人を許す」レッスン

## 第6章 自分を疲れさせない習慣

カバー・本文イラスト　坂木浩子（ぽるか）

本文デザイン　山之口正和＋齋藤友貴（OKIKATA）

DTP　野中賢／安田浩也（システムタンク）

企画・編集協力　鹿野哲平

# 第1章

# 「テキトー」が許せない人たち

# 「真面目すぎる」が自分を生きづらくする

突然ですが、次のような経験はありませんか。

■仕事ができない人の仕事を押し付けられた
■仕事ができるからといって、次々に大変な仕事を任される
■仕事が適当な人がいて、そのシワ寄せが全部自分に来る
■できない人のせいで、せっかく早く進めた仕事がパーになる
■職場に無能な人が多く、イライラする

いかがでしょうか。自分の仕事ぶりとは関係なく、周りの人に振り回された経験は、誰もがあるかと思います。

しかし、「周りの人が問題なのか」というとそうではありません。

では何が悪いのか、誰が悪く間違っているのか。そう考えがちですが、誰も間違っていませんし、誰も悪くありません。

誰が悪いという話ではなく、「真面目すぎる」と、こういった問題が起こりやすいということです。

「はじめに」でも書きましたが、こういった経験をする方は「真面目」という性格を持っているケースが非常に多いのです。私のところに相談を寄せられる方を見ていて感じることでもあります。

つまり、仕事を適当にする人でも、仕事ができない人でも、仕事をなんでもかんでも押し付ける会社や上司でもなく、自分の真面目すぎる部分がそれを引き寄せている可能性があるのです。

## ○「真面目」が持つメリットとデメリット

こう言うと、「真面目すぎる私が悪いってこと？」と思われるかもしれませんが、そうではありません。真面目には光と闇、メリットとデメリットがあるのです。

ではまず、真面目であることのメリットを見ていきましょう。

■ 約束や時間、手順などをしっかり守る
■ 正義感や責任感が強い
■ 予定通りに仕事や計画をこなせる
■ 向上心や成長意欲が高い
■ 言われたこと、指示されたことをこなせる
■ 自分を厳しく律することができる

仕事をするうえで、とても大切な能力です。これだけ見ていると、仕事で困ること

はなさそうな印象を受けるかもしれません。
では、真面目がもたらすデメリットを見ていきましょう。

■ 完璧主義に陥りがちで、手を抜けないために労働時間が長くなりやすい
■ 効率的に仕事を終わらせられるので、進みにくい仕事が回ってきやすい
■ 「デキる人」と認定されやすく、結果、仕事を振られる量が増えやすい
■ 休みを取るのが苦手で、ワーカホリックになりやすい
■ 人に頼るのが苦手で、自分ひとりで仕事を抱え込む傾向にある
■ 仕事や約束を優先するため、自分の体調の優先順位を下げやすい
■ 他人にも厳しくなりがちで、周囲への不平や不満、軋轢《あつれき》が生まれやすい
■ 周りの人に対して、イライラしがちで感情に振り回されやすい
■ 無理をしすぎて、体調やメンタルを崩してしまいやすい

いかがでしょうか。
真面目であるという性格は、メリットもたくさんある一方で、デメリットやリスク

も抱えているのです。実際にメンタルを崩してしまう方の多くが、「真面目」という性格が強い傾向にあります。

**真面目さがあるからこそ、責任を抱え込み疲れてしまう**のです。

実は私もこのタイプでした。

私は10年ほど、とある工場に勤めていました。工場で仕事をしていると、機械が故障するということがよくあります。メーカーの人が修理するわけですが、修理が終わるまでの間、仕事ができません。当然、工場長も「皆、食堂で休んでいいぞ」と言うわけですが、それに対してイライラしたり、何かしなければとなぜか焦ったりしていました。

「働いていない自分が許せない」「この時間は仕事をする時間だから、ボーッとしては会社に申し訳ない……」と、苛立《いらだ》ったり、働いていないことになぜか罪悪感を感じたりしていました。

今振り返ると自分でも不思議に思うのですが、ひとえに「真面目すぎる」と肉体的にも精神的にも消耗しやすくなるのです。

# 「真面目」であることは悪くない

真面目で物事の成果を出せる人はたくさんいます。

真面目な人は真剣に取り組みますから、ある程度の結果を出せる人も多いでしょう。

問題は、真面目さにより「実力以上の結果」を出すケースです。

真面目な人ほど手を抜くのが下手で、与えられた課題や仕事に対して全力で取り組みます。また、周りから期待されると、その期待に応えなければと課題に目を向け続けます。

それ自体は悪くありません。

しかし、これは無理をしている状態とも言えます。

真面目な人は、仕事中はもちろんのこと、休みの間も仕事のことを考えがちです。

休みや気分転換にさえ罪悪感を持ってしまう方もよく見られます。誰かに愚痴をこぼしたり、不満を言わなかったりするタイプも多く、知らず知らずのうちに体も頭も疲労やストレスを溜め込んでいきます。

真面目な人は、「無理をしてしまう」というケースが多いのです。

## ○真面目な人ほど「無理してないつもり」で頑張りすぎる

「いや、別に無理してなんかいないけど」と思う方もいるかもしれません。ただ、真面目にきっちり仕事をしないと気持ち悪いから、手を抜くとあとで苦労するから……などと考える人もいるでしょう。

しかし、この「仕事や決めたことをきっちりやる」という性格、こだわりが後々自分を苦しめることになるのです。

それは先ほど挙げた、手を抜けない、自分の体調より仕事を優先する、真面目にこなそうとするがゆえに仕事で損な役回りを受け入れてしまう、周りの人にイライラしたり振り回されたりする、仕事を押し付けられる……などといったことです。

**無理をしていないと思っているけど、気づかないまま無理をしている。**

それが真面目な人なのです。

あなたはどうでしょうか。
きっとこの本を手に取ってくださった方は、思い当たる部分があるかもしれません。
繰り返しますが、真面目は悪いことではありません。
ですが、仕事ができる分、いいことも悪いことも抱え込んで、大変な思いをしたり、
損な役回りを担ったりする傾向にあるのも現実なのです。

周りの期待に全力で応える。
自分の信条としてやるべきことは完璧にこなす。
それらはとても大切ですが、人は頑張りすぎると意外なほど、そのシワ寄せがどこかにやってくるものです。

大事なのは、真面目なままで、ほんの少しだけ真面目をゆるめていくことです。

それができると、自分の心と体を消耗させずに、よりラクに成果を上げ、心地よく生きることができます。これからその方法をご紹介していきますね。

# 「真面目すぎる自分」は変えられる

## ○「真面目でいい子」という固定観念はいつ生まれたのか？

皆さんはいつごろから真面目な性格を手にしたのでしょうか。

生まれつき真面目という人はほとんどいません。遺伝的に親の影響を受けるものは半分もなく、6割以上が環境から獲得すると言われています。

特に影響が大きいのは最初の人間関係である親子関係。

そして幼少期に出会う人たちや教育です。

近年、親は多忙になりました。核家族化が進み、さらには共働きが多くなったためです。家事と仕事に追われ、子どもに対して時間や労力を十分にかけることができません。

子どもがグズグズすると親も困ってしまいます。当然ながら、手のかからない子どものほうが親は嬉しいでしょう。

「面倒をかけないでほしい」
「騒がないで、おとなしく勉強してほしい」
「言うことを聞いて、静かに遊んでほしい」

そんな親の思いが子どもに対して真面目さや、いい子であることを求めることになります。もちろん意識していなくとも、真面目さを求めるケースもあるでしょう。子どもらしいワガママにも注意したり、何度も失敗する子をつい否定してしまうのです。逆に、親の手伝いを率先して行い、兄弟の面倒を見る子を「いい子」だと感じ、「いい子だね」「偉いね」などといった声がけをしてしまいます。

それ自体は悪いことではありませんが、その結果として「真面目でいい子」の性格ができあがっていきます。

真面目でいい子でいれば、親が喜び関心を示します。そうなると当然「真面目さを発揮したときに褒められるんだ」と考えるようになり、ゆくゆくは、

「真面目でいい子＝愛される」

と学びます。

先生から言われたことをよく守ろうとしたり、学業もできるだけ良い点数を取ろうと努力したりする傾向にあります。

人間関係においても、友達とのケンカもできるだけ避けようとします。

それは、そうしないと自分が評価されない、関心を持ってもらえない、と思い込んでいるからです。

しかし、実際はそうではありません。

真面目でいい子でなくても人は関心を持ってくれます。何度も失恋し、転職をしたとしても本当の友達は去っていかないでしょう。たまに夜更かししても、人生に大きな問題はありません。

しかし「真面目でいい子だから愛されるんだ」と思い込んだ子どもの中では、それが「〇〇すべき」「〇〇しなければならない」という固定観念となります。いわゆる思い込みの完成です。

もちろんこれが悪いわけではありません。

「真面目すぎる」は、仕事や勉強など自分が取り組むことにおいて、成果を発揮しやすいです。しかし、これは短期的な視点だと言えます。

長期的な視点で言えば、消耗し、疲れて、精神を壊すことにもつながっていくのです。

## 「真面目すぎる」がやめられない理由

「真面目すぎる」という性格は、簡単には手放せません。

なぜなら、「真面目であることを褒められたり、認められたりした体験」を多くしていて、すでに自分の大切な部分になっているからです。

特に幼少期や学校の中では真面目な人が喜ばれます。勉強熱心なことや、勉強ができることは褒められますし、手のかからない子どものほうが親や先生、周りの人は喜んだはずです。

人は社会的動物であり、人から関心を得たいと思っています。人との関わりの中で自分の価値を確かめることができるためです。

真面目さで褒められてきた場合「真面目さがあるから関心を持ってもらえる」と思うでしょう。大事な真面目さを簡単に手放せるはずがないのです。

## ○結局「真面目＝自分のステータス」になっていることが原因だった

つまり、「真面目な自分だから価値がある。真面目さが私のステータス」と思っているから手放せないのです。

人は様々な内容で自分の価値、ステータスを作り上げます。

わかりやすいもので言えば、社会的価値があります。年収の高い仕事、誰もが羨む名前の知られた企業に勤めている、役職がある……など様々なことがあるでしょう。これが自分の一部となっているのです。

これまで、年収の高い企業に勤めていることで周りに自慢をしていたとします。自分なりに努力した結果でしょうから、誇らしく思うのは無理がありません。では、その企業を退職したら、どうでしょう。周りの人がサーッと離れていくような気持ちを持ってしまいませんか？

「○○な自分だから価値がある」と考える人は多いのです。

■ 頭のいい自分
■ いつも明るく朗らかな自分
■ 友達に優しい自分

ですが、いつでも人に優しくはできないでしょう。たまにはイライラする日があるでしょうし、体調不良のときはちょっとしたことで怒りやすくなるもの。

でも優しい自分に価値があると思っているから、本当の気持ちを我慢するようになったりします。

優しい自分に執着しているのです。

▶「真面目である」ということが自分の大事なステータス（価値）になっている

真面目さもこれと同じ。

真面目な自分がステータスと思っていれば、不真面目な面を見せてはいけないと考えます。家の中でもズボラでいられず、「1回の遅刻も許さない。真面目さがなければいけないんだ！」と思ってしまうのです。

ここまでのお話で、真面目さについてネガティブな印象を持ってしまったかもしれません。

**しかし、ご安心ください。性格は変えることができます。**

さらに言えば、真面目さは使い方次第で、あなたの人生をもっと充実させ、目的を達成できるほどの強みにもなるのです。

どんな考え方を足せば真面目さの中に柔軟性を獲得できるのか。真面目さをゆるめることができるのか。続けてお話ししていこうと思います。

## ○他人を許せない人は、当然自分も許せない

私はこれまで３０００人以上の方の悩みにお答えしてきました。ＳＮＳを利用したライブも含めれば４０００人を超えます。

その経験から気づいたことは、悩みを抱えている人の中には悔しさ・敵意・怒りを抱えている人が非常に多いということ。そして、そうした人の話を聞いていると「すごく真面目だなぁ」と思うことが大半です。

ひとつ事例をご紹介します。

Aさんは事務職をしている28歳の女性です。１年ほど前に転職をして今の職場に来ました。

そこで出会ったのが同僚のBさん。気分屋で落ち着きのないタイプで、仕事が雑だったり、急に「あーあ。仕事難しいなぁ」と呟《つぶや》いたり、お願い事をした際「仕事、増えちゃった」と皮肉めいたことを言ったりします。

これについてAさんは「どうすれば、この同僚が真面目に働けるようになるのか」と悩んでいました。

気分屋で落ち着きがなく、仕事に対するモチベーションがないのはBさんの課題です。

Bさんがサボれば Bさんの評価が落ちるだけ。Aさんが仕事をするうえでBさんが足を引っ張るのなら、上司に相談すればいいことです。

AさんがBさんを真面目にさせる必要はありません。ですが、そんなBさんのことをAさんは許せないのです。

いかがでしょうか。

大事なのは、自分と他人の課題を分けて考えること。まずはそこからです。

人は人、自分は自分です。

周りや他人のことを自分事にして考えたりしても、消耗するのは自分だけ。他人をコントロールしようとするのではなく、自分ができることを粛々と行い、その人の問題を解決しようとしなくていいのです。

そして、自分の厳しさを少しゆるめるうえで、「真面目の方向性」を知ることも大切です。特に完璧主義の傾向が強い真面目なタイプなのかどうかは、自分をゆるめるうえで大事なポイントになります。

次のページから、「真面目さの方向性を知る 完璧主義タイプ診断」をご用意しました。ぜひ自分が完璧主義的な真面目さの傾向があるのかを確認してみてください。

# 真面目さの方向性を知る完璧主義タイプ診断

完璧を求める完璧主義は大きく3つのタイプに分けられます。

**自分で自分を厳しく評価しコントロールする自己志向型。**

**自分が完璧であることを周りから求められていると感じる社会規定型。**

最後に、**完璧であることをほかの人にも厳しく要求する他者志向型**です。

このうち、自己志向型は完璧主義と上手に関係性を築いていると言われています。

ただし理想を高く設定しがちで、自分に対して厳しい傾向にあります。

社会規定型は人の期待に怯《おび》えています。完璧だから愛される、という完璧主義にありがちな思考を持っています。

他者志向型は人に厳しく協調性に欠け、孤立することもあります。価値観・倫理観が人と離れているほど、人とのぶつかり合いが増えてしまうでしょう。

各タイプを簡単に判断できる完璧主義タイプのセルフテストを作成しました。深く考えず、それぞれのタイプの中でもっとも該当するものをお選びください。

**自己志向型**

■ ○○すべき、と考えやすい
■ 目標を高く設定することが多い
■ 失敗してはいけないと感じる
■ 長所より欠点に目を向けやすい
■ もっと自分は成長すべきだと感じる
■ 今の自分に満足できない
■ 成功しても、もっと上を目指したくなる
■ 積極的に学び、行動しようとする
■ 問題を解決するために前向きに考えることができる
■ 思ったほどできない自分を責めやすい

社会規定型

■ルールを破ってはいけないと思う
■人の期待を強く感じる
■完璧だから愛される、と感じている
■「○○しなければならない」と考えやすい
■人の頼みを断れない
■自分が我慢して済むことであれば我慢しやすい
■頑張っていない自分をほかの人に見られるのが不安
■ほかの人にお願いをするのが苦手
■人に落胆されたくない
■恥をかきたくない

他者志向型

■ほかの人がサボっていたり、休んでいたりすることが許せない
■期待通りの行動をしない人に怒りを覚える

■ ほかの人も自分と同じくらい頑張るべきだと思う
■ 人をあまり信用できない、批判的に考えることがある
■ 思ったような行動をしない人に対して攻撃的な気持ちを覚える
■ 人をチェックしがち
■ 人が自分と同じ価値観を持っていないとモヤモヤする
■ できない意見、言い訳にイライラする
■ 足を引っ張る人を排除しようとする
■ 人を放置しづらく、監視や干渉・口出しをしてしまう

いかがでしょうか。

それぞれの型に対して5つ以上該当すれば、その傾向があると判断できるでしょう。もしかすると、複合的に当てはまることが多いかもしれません。その場合は、次のページから自分のタイプを理解しておきましょう。

## ○自己志向型の特徴

**自己志向型は、理想が高く、その理想に近づこうと努力するタイプ**です。

多くの方が想像する完璧主義的な傾向を持っているため、完璧主義ともある程度うまく付き合っていくことができます。

自己志向型の完璧主義は自分のために行うものだからです。

「誰かに認められるために頑張る！」ではなくて、なりたい自分のために行動していくことができます。

高い理想の人物は、社会的地位や年収のようなわかりやすいものばかりではありません。知識に溢れた人かもしれませんし、人から愛される人物かもしれません。さらには、広い視野を持ち物事を考えられる賢者のような人かもしれません。

この理想も人から決められるものではなく、自分で決断して「こうなりたい」と考えた結果です。

これが社会規定型との大きな違いとなります。

完璧主義な人は失敗に過敏なことが多いです。ただ、自己志向型の場合、失敗により人からの評価が落ちたと考えるのではなく、失敗したことにより、理想から遠ざかってしまうことでガッカリしてしまいます。

ほかにも、些細なミスで物事を投げ出したくなったり、行動への疑問や不安感も抱きやすい傾向にあります。これは自分の行動が正しい選択かどうか悩み続けるためです。何かをやり残しているような感覚や、何度も確認して安心を得たくなる気持ちがあります。

また、自己評価を気にするため、自分に対して批判的。厳しい上司のように自分に接する面も持ち併せています。

高い理想に対する意識が負担となるものの、全体的には完璧主義を上手にコントロールして自己成長できるタイプと言えます。

## ○社会規定型の特徴

**社会規定型は、他人に認められたくて完璧を目指そうとするタイプ**です。

完璧主義の中でも非常に多いと言われています。

高い理想を持っていますが、自己志向型と違い「人からどう思われるか」が行動原理です。

社会規定型の人は「完璧だから認められる、愛される」という側面を強く持っています。「完璧であってようやくほかの人と対等。安心して生きていける」という考え方となります。

ですので、人からの評価を気にしています。

社会規定型の高い理想は、周りの人や世間が決定します。

親が教育熱心で厳しければ、理想として「学力が上位数パーセントであり、良い企業に入る」などが設定されることが想像できます。

親が「とにかく人には優しくしなさい」というタイプであれば、その影響を受けて人に優しくする理想を持つ可能性もあります。
自分で目標を設定していないので、主体性がないのも特徴です。

社会規定型も失敗には過敏です。ただし、自己志向型と違い失敗した際に「ほかの人から見捨てられる」「人と対等ではなくなった」のような感じ方をします。ほかの人から叱られる、攻撃されるという気持ちが根底にあります。

ほかにも「平均、普通」という考え方に過敏です。「平均でなければ価値がない、ダメなんだ」と厳しく自分を追及することもあります。

総じて「このくらいできて当然でしょ」という自分が高いのです。そして無理をして、メンタル的にも参ってしまうことがあります。

自分にあった生き方を自分で選ぶのではなく、理想の生き方があり、その生き方に無理して自分を入れないと「他人から認められないんだ」という気持ちが隠れていたりします。

## ○他者志向型の特徴

他者志向型は今までの2タイプとは違います。

**完璧主義を自分ではなく、他人に完璧を求めてしまうタイプ**です。

わかりやすいのは、「理想を他人に押し付ける」ことでしょう。

たとえば、上司と部下の関係性で、上司が他者志向型だったとします。その場合、理想の部下は「自分で決断でき、ミスをせず、上司の言うことを聞く」となりがちです。そして、部下のできていないことがあると、驚くほど厳しく叱りつけるのです。

皆さんも自分の大事な人が危ないことをしたら叱るでしょう。3歳の子どもが包丁を触っていたら厳重注意するかと思います。これと同じように、厳しく注意をしてしまうのです。

恋愛でも、その恋愛が男女関係として、男性側が他者志向型であれば、女性に常に完璧な状態を望みます。「常に化粧をしてほしい」「一歩引いてほしい」「自分を立ててほしい」など。多少の違いはあるにせよ、このような思考を持つ可能性があります。

危ないことを未然に防ぐため叱る。このような思考が完璧主義につながり、ほかの人に対して様々な場面で出てしまうのです。他人の不完全を追及するので、マウントを取るように人を見下してしまうことも多くなります。

なぜこのような考え方になるのか。それは、相手に対する期待が大きいことが挙げられます。

その期待に応えられなかった人がいれば「裏切られた」と思うのでしょう。その結果として揉めたり、トラブルになったりすることもあります。それゆえ、協調性に欠けた人のように捉えられ、周りから人が離れていくこともあります。

ただし、完璧主義はそれぞれの個性とも関わりがあります。他人に完璧を求めつつも、それほど厳しくは言及しないこともあります。

あくまでそれぞれの特徴に関する一例としてお考えください。

## 完璧主義の各タイプにおすすめの考え方

完璧主義そのものが悪いのではありません。性格の特徴を知り、コントロールして生きていくことが大切です。

理想の高い自己志向型の人は、理想と今の自分との差が劣等感となりがちです。劣等感が強い場合、自分はダメだという自己否定を持ちやすいのです。**頑張りだけをステータスとせず、理想に近づいている自分自身を認めるような思考を持ちましょう。**

真面目で完璧主義的な人は問題を抱え込みやすい傾向にあります。相談できる人やサービスを使い、自力ですべてのことを解決しようと悩みすぎないことも大切です。

メンタルを安定させつつ最大限の力を発揮するイメージを持ってください。そうすれば、完璧主義をコントロールして自己成長に力を発揮できるようになります。第2章で紹介する「『真面目すぎる』をゆるめるレッスン」を取り入れてみてください。

社会規定型の人は人目を気にして頑張りすぎる傾向にあります。頑張らなければいけない、評価されないという恐れがあるのです。

**この場合は「真面目さがあるから愛される」という考え方を和らげていきましょう。**

周りを気にして頑張り続ける場合、どこかで無理が生じます。

無理は一時的に耐え続けることになるため、その間ストレスを受け続けます。人目を気にして頑張り続ける場合、必ず無理を感じる瞬間が来ます。体調不良であれば思うように頑張ることはできませんよね。

**大事なのは、無理をしないこと。そして、自分の価値を再確認することです。**

たとえば、仕事と家の往復だけの生活になっているのであれば、仕事が自分の価値の半分になることになります。ということは、仕事で努力しなければ自分の価値は半分になってしまいます。

仕事と家以外にも、趣味・友達関係・サードプレイスなど自分の価値を感じられる場所をたくさん作りましょう。自分の価値を分散することで、無理をしてまでその価値を維持しようとする気持ちを和らげることができます。

本書では「真面目じゃなくても『愛されて生きている人』たちを知る」（76ページ）という項目があります。そちらを参考にしてみてください。

他者志向型は人間関係のトラブルにつながりやすいタイプです。

**上手に付き合っていくというよりは、人間関係の認識、真面目に働くことへの認識などの見直しをするとよいでしょう。**

人に完璧を求めてはいけません。それは価値観の押し付けです。そもそも人は完璧ではありませんし、みな考え方も目的も違うのです。

職場でも真面目に仕事をする人もいれば、ラクをして作業したいと考える人もいます。上を目指そうとせず、ただのんびり暮らしたい人もいます。価値観の違いですので彼らを責めてはいけません。

他人に対して価値観が違うことを認め、相手に対する期待を減らす考え方を持つ必要があります。


本書の第5章では「他人を許す」ことについて解説します。

心理的には、自分に完璧を求めるため他人にも厳しくなるのです。

**自分に優しくすること。そして、自分も他人も未熟だと認めること**が必要です。自分が未熟だと理解できれば、他人の未熟さにも寛容になれますよね。このような考え方をたくさん集めていくことが助けとなります。

## ○複数の型が混じっているときの考え方

完璧主義のタイプは複数の型を同時に持つことがあります。

社会規定型の「人に認められたい」と他者志向型の「他人に完璧を求める」の両方を適用するケースで考えてみましょう。

職場で上司に認められたい気持ちを持ったとします。

同時に上司に完璧さを求めるわけですから、上司のミスや悩む姿を許せなくなる可能性があります。しかし、その上司には認められたいのです。この葛藤でより複雑に悩んでしまうでしょう。

また、理想の高い自己志向型が他者志向型の面を併せ持つと、驚くほど他人に厳しくなります。ただでさえ他人に完璧を求めるのに、その完璧さの基準が高くなってしまうのです。

十分に活躍している人に対しても「もっとできる」などと詰めよってしまうかもしれません。


まずは人間関係のトラブルについて注目しましょう。

他人に攻撃的だったり、押し付けがあれば、助けてくれる人や相談に乗ってくれる人を失ってしまいます。

理想に対して行動力を発揮できる自己志向型も、その高い理想に向かう中で疲れてしまうことがあります。時に愚痴を聞いてくれる人たちは貴重な存在でしょう。

複合型の中に他者志向型が含まれている場合、まずはここから改善を考えます。自己志向型と社会規定型が含まれている場合は、人目を気にすることで自分らしく行動しづらくなります。

人のために頑張るのではなく、自分のために頑張るほうが能動的に活動できますよね。受けるストレスも減ります。

この場合は人目を気にする部分の改善から考えていきましょう。

# ＨＳＰの人を苦しめる「真面目」という性格

この第1章の最後に「ＨＳＰ」と「真面目さ」の関わりについてお話しします。

ＨＳＰとは「刺激に敏感な人」であり、良くも悪くも周りの環境の影響を受けやすい人のことです。

病気ではなく気質です。ほかの人よりも神経の伝達が過敏な人、と捉えればわかりやすいでしょう。性格的傾向のひとつとしてお考えください。

ＨＳＰには、次の４つの特徴があります。


「深く複雑に考える」

「刺激に敏感で疲れやすい」

「感情反応が強く、共感しやすい。人の気持ちに振り回されやすい」

「あらゆる感覚が鋭い」


この特徴がすべて当てはまってはじめてＨＳＰと判断されます。

もちろん「ＨＳＰ＝真面目」ではありません。

ただ、周りの環境の影響を受けやすく人の気持ちを察しようとする部分があります。ＨＳＰは受け取った情報も細やかに考えますので、批判や否定にも敏感です。人の不機嫌についても「自分が何かしたのでは？」と考える方が多いのです。

ＨＳＰ気質とともに真面目な性格を持っていれば、より周りの期待に反応するでしょう。このときに周りがポジティブな反応をしてくれれば問題ありません。

■　行動に対しての感謝がある
■　頑張りに対して察することができる、陰の努力を評価できる
■　周りのサポートがある

ＨＳＰはネガティブなものではありません。良い影響もより強く受けとることがで

きます。真面目な行動に対して感謝があれば、ほかの人よりも幸せを感じられるでしょう。もっとその場所に貢献するため、生きるエネルギーも強く出てきます。

問題は「真面目さを評価する環境がそれほど多くない」ことです。特に職場。多くの会社はできるだけ安く労働力をたくさん使いたいと考えます。

理由は、単純にそのほうが「お得」だからです。

会社は様々な人が集まります。苦手な人も必ずいますし、周りから利益を奪おうとするずるい人もいます。ずるい人は真面目な人から言葉巧みに労働力を奪おうと考えます。自分の仕事を押し付けておき、自分はまったく助けないでラクをするというタイプです。

ＨＳＰで頑張り屋の方が奪われる環境にいれば、長く奪われ続けます。真面目さのデメリットが発揮されてしまい、どれだけ熱心に働いても生活がラクにならない……という状態も考えられます。

しかも感謝がなく、ネガティブな影響を受けるでしょう。

「どうして周りの人は働かないのか」
「頑張っていればいつか報われるはず……」
「ここで会社を辞めると、誰かの迷惑になるかも」

と、悔しさと不安感の入り混じった気持ちを持ちます。「できない自分が悪いんだ」と思い込み、短所を克服することばかり考えるかもしれません。

しかし、実際はそうではなく、ＨＳＰは周りの環境の影響を受けやすいのです。自分に適した環境を選ぶことで今の自分のまま評価されることができます。

真面目な性格であれば、その真面目さが評価されるような環境に行くことを考えてみるといいでしょう。会社であれば昇給や成果給が得られ、淡々とした努力が評価されるような職場に変えてみるのもいいかもしれません。自分の気質、性格に合った仕事で自分らしくいられるところを目指してみましょう。

# 第2章

# 「真面目すぎる」をゆるめるレッスン

# 「真面目な自分」と上手に付き合う方法

真面目さと上手に付き合っていく秘訣が、「真面目さとほかの性格とのバランスに目を向ける」ことです。

人の思考や自己認識は、様々なバランスで成り立っています。

たとえば、前向きさ・ポジティブさは良いものと考える方が多いですが、ポジティブすぎれば物事を楽観的に見すぎて、ミスや大きな失敗を繰り返してしまう可能性があります。

逆にネガティブすぎれば、物事を悲観的に捉えたりして行動できなくなるでしょう。

なので、バランス良く持ち得ていることが大事になります。

よく「ネガティブなタイプですか」「ポジティブなタイプですか」といった二者択

一的な会話がありますよね。コミュニケーションにおける世間話みたいなもので、どちらか言わないと話が弾まないかもしれませんが、心の中では「ポジティブもネガティブも両方あるのが自分」と理解しておきましょう。

**なんでも一方に寄りすぎれば良くないものです。**

真面目さも、真面目なことが問題なのではなく「あまりに真面目すぎる状態が続いてしまう」ことが問題であり、そんな自分の「真面目」という側面と上手に付き合う術や考え方を持たないことが問題なのです。

## ○真面目さの重要度を下げる

真面目な自分で悩んでいる方は、「真面目さ」が自分の性格の中で重要と思っているケースが多いです。

人は個性の集合体。真面目な自分以外にも、敏感性・優しさ・曖昧さ・面白さなど様々な個性を持っています。そうした個性がバランスよく割り振られているから、問題にも上手に対応できます。

では、もし真面目さが8割を占めていたらどうでしょうか。

真面目さが評価される場面では多く力を発揮できるかもしれません。それはそれとして、真面目さを奪われる場では際限なく奪われてしまいます。

こういうときに反発したり、ほかの対応策に切り替えたりできれば、もっと生きやすくなりますよね。

ただし、実際、「真面目さが8割を占めている」という人はいません。

人は環境によって、表に出す性格を無意識に変えているものです。たとえば、職場ですごく真面目でふざけたことが大嫌いと思っている人も、家族の前では不真面目だったり、弱みを見せることができたりします。長い休暇を取って旅行に来たときは子どものようにはしゃぐ人もいます。

これは、環境によって、性格を使い分けていることの表れです。

繰り返しますが、大事なのは自分の個性のバランスです。「真面目さ」ばかりが強すぎたり、それを周りにも求めたりすると、自分も周りの人もどんどん苦しくなっていきます。


**でも大丈夫。**

**真面目すぎる自分は変えられます。**

真面目な自分を少しゆるめることで、よりラクに人生を過ごすことができ、仕事の成果も出やすくなるはずです。

　ここから真面目さの重要度を下げ、真面目をゆるめるための考え方をお伝えしていきます。

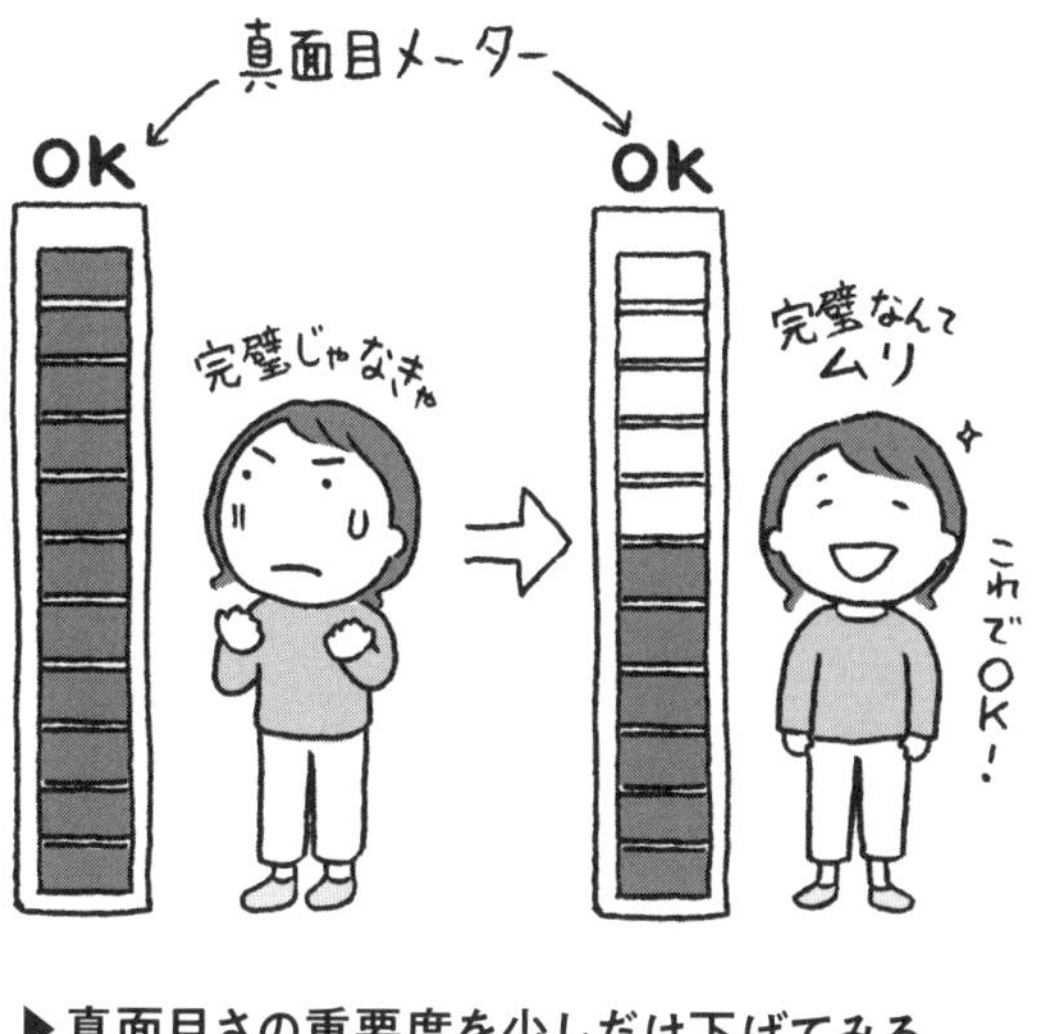


▶真面目さの重要度を少しだけ下げてみる

## アイデンティティの中に「真面目」以外を入れる

アイデンティティは、「他人や社会との関わりの中で、自分は自分であると認識すること」「連続した自己認識を持つこと」などと訳されます。

本書では、「自分らしさの認識と構成要素」と考えてください。

自分というアイデンティティの中に「真面目さ」が入っていれば、「自分は真面目」という認識に違和感を感じないはずです。

いうなればＲｙｏｔａという人物の前に「真面目なＲｙｏｔａ」と表現されるようなイメージです。自分らしさに真面目さが入っていますので、真面目な自分が当たり前のように感じます。さらには、人や社会から「真面目さを求められている」とも感じるのです。

真面目が前提にありますから、真面目な自分で、できる仕事を選ぶことになります。

真面目な自分を愛してくれる人たちを選ぶことにもなるでしょう。

このように自分を形成している要素が何なのかを理解する必要があります。

そしてもうひとつ大事なのが、**アイデンティティは環境により何度でも作り替えることができる**ことです。

なぜなら、今現在のアイデンティティはあくまで「自分が思っている自分」にすぎないからです。自分のことを「真面目」「優柔不断」「メンタルが弱い」などという自己認識を持っていても、あくまでそのように認識しているだけ。

生きづらさを感じるのであれば、その自己認識を変えていけばいいのです。

たとえば、職場で真面目さを発揮した結果、周りがあなたを利用しようとしたらどうでしょうか。「真面目だから、お願いすれば無理でも素直にやってくれるだろう」そんなふうに思われていたらどうでしょう。

その職場で真面目さを発揮し続ける限り、あなたは際限なく利用され続けるかもしれません。

この場合は、改めて自分に適した環境を選ぶか、奪われないために真面目さ以外の部分を重要視していくことになるでしょう。

ですが、真面目さが自分の大半を占めていると、真面目さを切り替えづらいもの。それは「真面目さ＝自分の良さ」と認識しているためです。そうなると、繰り返しになりますが「真面目な自分じゃないと価値がない」と思い込んでいる状態と考えられます。

では、「真面目さを手放して不真面目になる必要があるか」と言えば、そんなことはありません。こういった性格も○×で判断できるほど簡単なものではないのです。

先ほどもお伝えした通り、大事なのはバランスです。

真面目さがあなた自身を作る重要な要素であれば、真面目さを10減らし、ほかの要素を10加える。このようにバランスを保っていくイメージです。

アイデンティティとして真面目さがあるのなら、真面目さがあなた自身なんです。

それをいきなりポイッと捨てたら自分を否定することになり、自己肯定感を下げてしまったり、自分を見失ってしまうかもしれません。

そうならないために必要なのが、アイデンティティに真面目以外を足すという考え方です。

## ○真面目さをゆるめても、あなたの価値は変わらない

真面目さ以外の自分を持っていなければ、真面目さを手放すことは難しくなります。

真面目な自分以外の価値にも目を向けてみましょう。

たとえば、真面目さを持っている方は失敗を恐れます。

完璧主義の中に失敗に対して過敏に反応する部分があるためです。

では、質問です。

失敗したら人から認められなくなるのでしょうか。

そんなことはありませんよね。

少なくとも、一度も失敗をしない人などいません。むしろ成功している人ほど多くの失敗を積み重ねてきているものです。

たとえば、人気の予備校講師からテレビで大人気となった「いつやるか？　今でしょ！」でお馴染みの林修先生は多くの方がご存じだと思います。

では、彼が勤めた銀行を早期退職し、3年ほど失敗を重ねて借金で大変だったことはご存じでしょうか。彼はその状況でも心を保ち、借金を返済、そして今では誰もが知る売れっ子となりました。

私自身も失敗経験は数知れず。社会に出てからの1年間で4回転職をし、25歳のときには大失恋をしています。そういった経験があるからこそ、現在の幸せな家庭を手にし、相談業でも皆さんに様々なことをお伝えできています。

「失敗にも価値がある」と気づくだけで、失敗を過度に恐れなくなります。

あなたの友達など良好な関わりの人があなたの近くにいるのは、「あなたが真面目だから」だけではないはずです。

■ 穏やかで気が合う
■ ユーモアがある
■ 本当に困ったときに助けてくれる
■ 見た目と性格にギャップがある
■ 話していると落ち着く

など、様々あるはずです。

外見的な要素が魅力かもしれません。それもあなたの価値なのです。

「真面目さを失っても自分の価値は残っている」

それがわかると、自然と安心して真面目さをゆるめることができるようになっていきます。

# 「自分はどんな人間？」と改めて考える

## ○自分のアイデンティティを再構築する方法

先ほども述べた通り、人は個性の集合体であり、複数の気質や性格が集まり、「あなた」という人間ができています。

あなたが、自分自身や他人に対する厳しさや認識を変えていきたいと少しでも思うのであれば、「自分はどんな人間か？」と改めて考えてほしいのです。

**あなた自身の個性とは一体何でしょうか。**
**あなた自身の良さや魅力は何でしょうか。**
**あなた自身の考え方や気質は、どんなものがあると思いますか。**

これは自分自身のアイデンティティを再構築する方法です。

繰り返しますが、アイデンティティとは、自分に対する認識であり、捉え方です。

それらは様々な要素で構成されていますが、普段それを意識することはありません。

つまり、無意識に考え、行動しています。

それを「意識化」することで、自分自身を再認識でき、客観的に捉え直すことができるようになるのです。


アイデンティティはもっと複雑で、広い内容で作られます。

実際に私のアイデンティティを書くと以下のようになります。

---

■夫、パパ
■講師、作曲家、作家、カウンセラー、HSP向けのアドバイザー
■スローライフ、低ストレス、のんびり、仙人のような
■ファッション好き、ブログを書くのが好き、表現が好き、ゲームが好き

## ■ 真面目、慎重、少しネガティブ、敏感性が強い、大胆、閃《ひらめ》き

アイデンティティの確立した状態とは、自分が自身を理解していることです。

真面目な人であれば、「自分は真面目だ」と自信を持って言える状態だといえます。

では、ほかに自信を持って言えるものはないでしょうか。


私が真面目さを手放したとしても、様々なことが私自身です。

敏感性もありますし、感受性も強いです。それが芸術への興味と進み、音楽活動にもつながりました。作曲活動を長く続けているのも、私が「私は作曲家である」「アーティストである」と感じているためです。

アイデンティティがたくさんあれば、ひとつの性格や自己認識を手放したところで自分は揺らぎません。

アイデンティティが確立できていない状態は、ある意味「自分がない状態」です。

この状態だと、「私ってなんだろう?」と思い悩んだり、誰かに自分のことを聞いて

みたりしたくなるかもしれません。

しかし、アイデンティティは、ほかの人から伝えられて感じるものではなく、あなたが自分自身をどう捉えられているかなのです。


もしもあなたが真面目さだけを自分だと思っているのなら、真面目さを手放したとして自分がどういう存在かを考える必要があります。

「自分はどんな人間なのか」を考えて、一度紙に書き出しましょう。

仕事、役割、好きなこと、長く続けていること、大事な価値観、強み・弱み、特徴、気質……などを、

▶アイデンティティに真面目以外の要素を入れてみよう

全部書き出すつもりで取り組んでみてください。

すると、自分が真面目一辺倒ではなく、多様な人間であることが浮かび上がってきます。

あなたは真面目だけでは構成されていません。真面目をゆるめたとしても、あなたの価値が変わるわけでもなく、仕事も人間関係も大丈夫なのです。

# 「真面目か、不真面目か」ではなく、グラデーションをつける

## ○白か黒ではなく、グレーもOKにする

皆さんは人間関係において、「好き」と「嫌い」の2パターンだけで考えていないでしょうか。

人はつい二元論的に考えてしまいがちです。ゼロか100か、白か黒か、正解か不正解か、良いか悪いか、正義か悪か……など。

でも、実のところ、人間関係はもっと複雑です。

好きと嫌いの間に「少し好き・少し嫌い」などの感覚が無数にあります。さらには、好きでも嫌いでもないグレーな関係性もあります。

これは自己認識についても同じです。

真面目か不真面目かという2軸で考えるものではありません。何事にもグラデーションがあることを理解しましょう。

真面目な自分を捨てて突然、不真面目になるわけではありません。むしろ、そういうことはできないでしょう。

一方で真面目なあなただから、あなたと一緒にいてくれる人たちがいますよね。突然、あなたが不真面目になれば、これまでの良好な人間関係が壊れてしまう可能性もあります。

そこで**大事なのが、真面目さと不真面目さの共存**。さらには、真面目な自分から「多少真面目な自分」のように、割合的に考えること。つまり、グラデーションをつけるのです。

真面目だけが自分であれば、ひたすら物事の理想が高くなっていきます。ほかにも、人からの評価に怯え、頼まれごとをまったく断れなくなるかもしれません。これがより極端になると、休むこともうまくできなくなる可能性があります。

真面目さをゆるめられたら、多少は断れるようになります。

もちろん、重要なことや誰かの体調不良で仕方なく引き受けることもあるでしょう。ですが、頼みごとを引き受けても感謝がゼロ。やってもらって当然、と考えている人からの頼みごとは断りやすくなります。たったこれだけでも、真面目すぎる自分は和らいでいるのです。

真面目さに対する不真面目さなどを想像する場合は、物事を逆から捉えると想像しやすいです。

皆さんが思う不真面目な人とは、どのような印象でしょうか。

■ やるべきことをやらない
■ 一貫性がない
■ 頼まれてもやらない、責任感がない
■ 理想が低い
■ わざと人に迷惑をかける
■ 破ってはいけないルールを平然と破る

などが考えられるでしょう。では、真面目さをゆるめるといったとき、このような不真面目さを取り入れる必要があるのでしょうか。

それは「ない」のです。周りの人に迷惑をかける必要も、自分の理想を下げる必要もありません。

普段熱心に仕事をしているのなら、たまに有給休暇を使ってみましょう。その際も残された人の迷惑にならないよう、段取りを組んでおけば問題がありません。1日休んだくらいで真面目な自分が「不真面目」と言われるのなら、その環境に問題があるのですから。

このように、真面目さを苦しく感じない程度にコントロールしていくことを目指してみましょう。

## ○真面目じゃなくても「愛されて生きている人」たちを知る

「真面目すぎる自分」をゆるめる方法として、「違う生き方を知る」のも有効です。

たとえば、芸人さんの中には遅刻癖のある方々がいます。実際、「相方が遅刻をしたせいで、自分がひとりでコントをすることになった」などのエピソードで笑いを取っている方々もいらっしゃいます。しかし、愛されているからこそテレビにも出演し、ほかの人も笑っていますよね。

また、世渡り上手な方々もいます。

それこそ、転々と仕事を変えつつキャリアを伸ばしている方がそうです。「真面目に1社で働き、貢献して出世する」という考え方とは真逆かもしれません。不真面目にしているわけではないものの、もっとドライに世界を見ていると言えるでしょうし、そうした姿に格好良さを感じ、憧れる方々もいます。

ほかにも、人が人を好きになる要素のひとつとして、類似点があります。好きなアーティストが一緒。好きな食べ物が一緒。さらには故郷が一緒。それだけで親近感を持ち、仲良くなることも珍しくありません。

「真面目であること」はあくまで、人が価値を感じる一要素でしかないのです。真面目な人に面白さを感じず、不真面目だけどアッと驚く行動を取ることに魅力を感じる人たちもいますからね。

## ○絶対と思っている価値観も3年で変わる

ここでお伝えしたいのは、「自分が正解だと思っている生き方やあり方だけが正解ではない」ということです。

「真面目じゃなきゃ、私には価値がない」
「絶対に遅刻はしちゃいけない」
「人に仕事のお願いなんて絶対しない」
「周りの人に迷惑をかけてはいけない」

と思っているとしたら、「それって本当？」と問いかけてみてください。
この世の中、生き方や考え方に関して、絶対なんてありません。

実際、人の生き方、考え方は人それぞれ違います。でもちゃんと楽しく生きているのです。

「価値観は3年で変わる」と言われています。

違った年齢層の人とも話してみましょう。

私が働いていた工場では、あるシニア層のパートさんが働いていました。彼は貯金の大半を使ってこっそりと高級車であるＧＴＲを購入。そして奥さんに叱られ、夫婦の危機があった、と笑いながら話していました。しかし、彼の話はいつも面白く、周りには人が集まっていました。

価値観の違いを肌身に感じるためにおすすめの方法をご紹介します。

それは**「今まで行ったことのない場所に行ってみる」**のです。

会社員であれば、フリーランスやお店を経営している人と話してみましょう。

真面目さだけでは結果を残せない世界でもありますので、まったく違った発想を手にできる可能性があります。あなたが普段会わない職種や業種の人に会ったり、会えるコミュニティに参加してみたりするのもいいでしょう。

またば、海外に行って、あなたの「当たり前」が当たり前ではない文化や考えを持つ人たちと触れ合ってみるのもいいと思います。

# 「サボり」「逃げ」「甘え」の違いを知る

真面目な方に多い悩みは、休んだり、物事を諦めたりすることを「逃げや甘えではないか?」と考えてしまうことです。さらには、手を抜くことを「サボっているのでは?」と考え、自分を追い詰めてしまう方もいます。

これは、それぞれの言葉の定義や考え方の違いがわからないため混同しているのです。

まずサボりについてです。サボりとは「理由もなく休むこと」「やるべきことをやらないで怠けること」を指します。

たとえば、あなたが資格を取得するため、資格試験を受けるとします。

その試験は、100点満点中80点以上で合格になるとしましょう。

仮にこのときに80点を目指して勉強内容を減らすことはサボりではありません。あくまで目標を少し下げているだけであり、無理なく手を抜いている・労力を減らしているのだと言えます。

人生はひとつだけのことに集中できるほどラクではありません。社会人であれば、資格試験の勉強をしながら、同時に働かなければいけません。さらには家事・恋愛・趣味など、色んなことに労力が発生し時間がとられますよね。

資格勉強以外にも大事なことがある。だから資格勉強も合格できる程々の時間にする。これが、上手に手を抜いている状態です。

ただし、資格勉強も合格が目的です。合格という点には目を向けているので、やるべきことをやっているのです。資格を取らないといけないのに、体調不良やメンタルダウンのような理由もなく資格勉強をまったくしないのは、サボりとも考えられます。

ちなみに、勉強をしつつ休むことはサボりではありません。やるべきことをやっており、休憩を取っているだけだからです。

## ○「逃げ＝悪」ではない

次に、「逃げ」について考えてみましょう。

「逃げ」とは「回避」という選択をすること。逃げを悪く考える方がいますが、「逃げ」はとても大事な選択肢です。

人は不安になると問題に対して立ち向かうか、回避するかの2択を迫られます。困難なことを回避して、別の選択を取れば、別のことに立ち向かうことができますよね。

つまり、**逃げは人生における「方向転換」**とも言えます。

私が最初に勤めたブライダルの会社は典型的な激務の会社でした。朝は6時半に出社。会社を出るのは深夜0時です。通勤は片道1時間でしたので、家での時間はわずか4時間半。この中で食事＋睡眠＋入浴時間を済ませるのは不可能です。

この不可能な労働環境の職場を辞めるのは「逃げ」でしょうか。

いや、むしろ正しい選択でしょう。難しい選択を諦めることにより、もっと自分らしい道に進めるようになるのです。

このように言うと、「逃げを悪いことではないって考えると逃げ癖がつきませんか？」と思う方もいるかもしれません。

たしかに、自分の嫌なこと、つらいことから逃げてばかりいたら、対応能力は身に付きませんし、自己肯定感も下がります。

では、「良い逃げ」と「悪い逃げ」はどのように見極めればいいのでしょうか。

この見極め方は、**「解決できるかどうか」**です。

人に相談して解決できたり、何かを学べば解決できたりする問題であれば、逃げる必要はありません。

しかし、誰にも相談できない環境だったり、相談してもどうにもならない問題、何をどうやっても解決不可能な問題だったりするなら、逃げていい。

このように考えましょう。

あなたが不可能と思う選択を手放し、多少の努力で解決できる問題に立ち向かう。

このようなイメージを持てば、「逃げ」に対する印象も変わるはずです。

## ○「甘え」とはわかってほしい気持ち

「甘え」は「わかってほしい」という気持ちのこと。もっと言えば、「相手の好意を期待する」感情です。これはすべての人が持つ感情で、もちろん私だって持っています。

たとえば、仕事でミスをしたとしましょう。

このときにあなたの仕事量があまりに多かったのなら「仕事が多すぎたからミスをしたんだ。それはわかってよ」と思うでしょう。

とは言え、仕事でミスをしたら叱られるものです。

このようなときは「私はこんな気持ちを持ったんだ」ということを、家族や恋人、友人らに話すといいでしょう。ようするに軽く愚痴を言うのです。

「甘え」を満たすことにより、ストレスを溜め込まず仕事も長く続けられます。

わかってほしい気持ちを溜め込んでいたら、我慢が続いてどこかでドカンと気持ちが爆発してしまいます。普段従順な人が突然怒りだし退職をするのも、この「甘え」を我慢していることがあるからです。

もちろん、愚痴を言うことに抵抗がある人も多くいるかと思います。

周りから「甘ったれている」「言い訳が多い」と思われることが不安になるのかもしれません。

そうであれば、周りに言わなくても、「自分がこんな気持ちを持った」ということを自分で承認してあげましょう。「甘え」を他人が満たしてくれなくても、自分が自分にＯＫを出せばいいのです。

自分の気持ちに蓋をするというのは、いっときの感情であっても、それを続けていれば無理が生じ、本当の気持ちに蓋をするのが癖になっていきます。

心に蓋をするのが癖になると、どんどん気持ちが見えなくなるので、あるとき蓋を壊して感情が飛び出してきます。

ですから、**自分の気持ちや感情をこまめに言語化してみてください。**

実際に口に出すのでも、心の中で思うのでもかまいません。

## 「サボり」「逃げ」「甘え」の違い

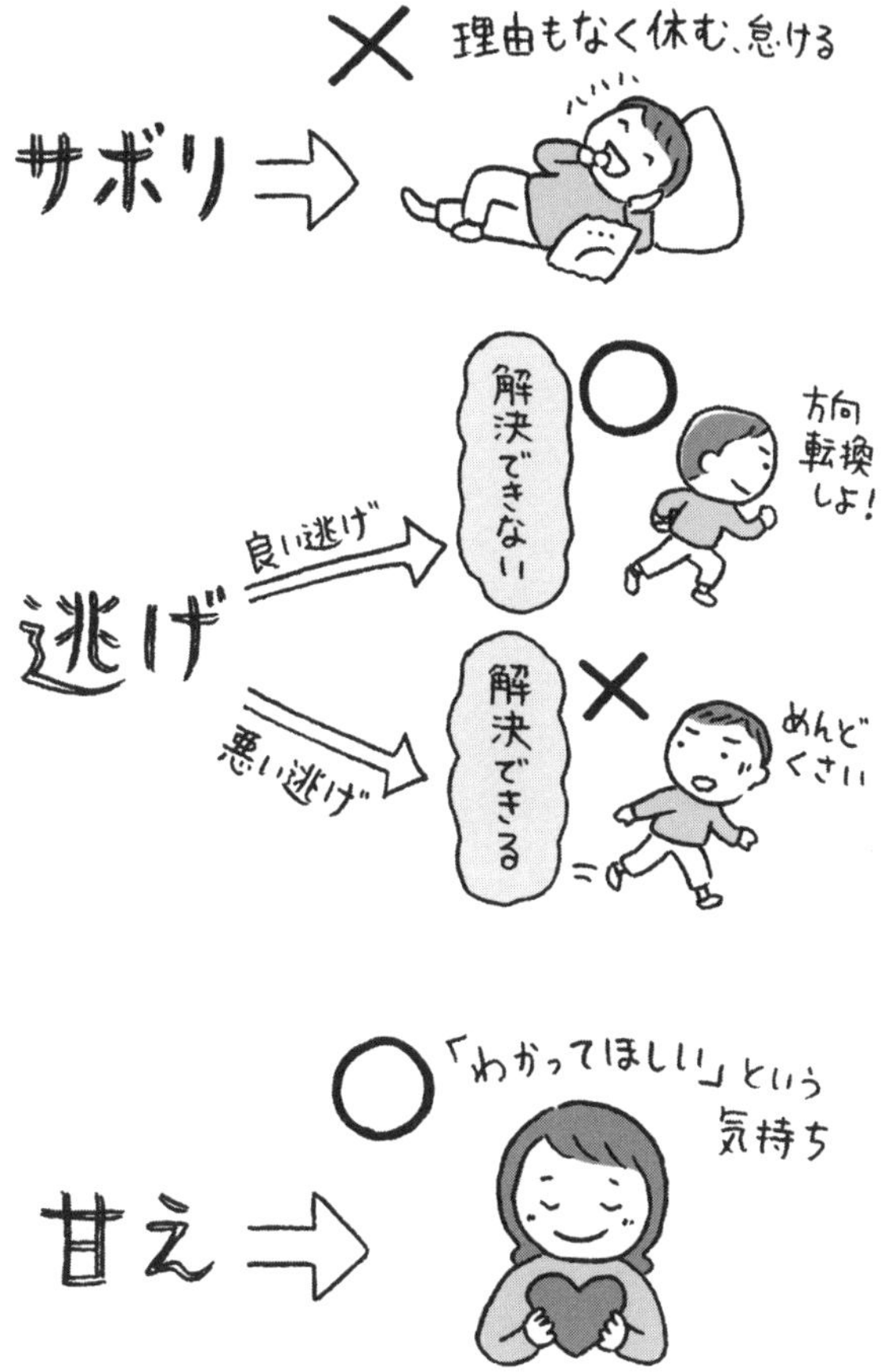
理由もなく休む、怠ける
サボり
解決できない
方向転換しよ！
良い逃げ
逃げ
悪い逃げ
解決できる
めんどくさい
「わかってほしい」という気持ち
甘え

一つひとつの自分の気持ちや思っていることを言語化することで、ストレスを溜め込まないようになります。

いかがでしょうか。

ここまで見てきたように「サボり」「逃げ」「甘え」もそれぞれ違います。言葉を分けて考えることで、これまで避けてきた行動や考え方も、悪くないものだとわかるかと思います。

理由もなくサボることはよくありませんが、解決できない問題に対する「逃げ」や、わかってほしいという気持ちの「甘え」は決して悪いものではないのです。

## 「これしかない」ではなく「ほかにもある」と考える

真面目な性格とセットになっていることが多いのが「頑固さ」です。

頑固さは意志を貫こうとする力であり、頑固な人というのは簡単に言えば、「容易には引き下がらず、自分の意見や考えを曲げない」傾向にある人です。かたくなに休もうとしない……というのも、ひとつには頑固さの影響があるのでしょう。

頑固さがあると「これしかない」「こうすべきだ」という感覚が強まります。

この「これしかない」「こうしなければならない」というのは、ほとんどが思い込みにすぎません。

真面目というのはある意味で、「正解はひとつだけである」と思い込みやすい傾向にあります。

しかし、「これしかない」ということは、人生においてほとんどありません。

にもかかわらず、ひとつの考えに固執してしまうと、自分を追い詰めたり、苦しめたりする可能性があるのです。

## ○真面目で頑固な人は、自分から選択肢を減らす

ひとつ例を見ていきましょう。

Cさんは「仕事は正社員でなくてはいけない」という思いを持っています。家族が自営業で大変だったため、安定して働ける正社員が幸せな働き方なんだと考えていました。

しかし、Cさんの勤めていた会社の業績が悪化。大幅な人員カットをしたため、Cさんの仕事量は増える一方。普段はほとんど残業がなかったのに、今は月の残業が60時間を超えるようになりました。

明らかにCさんからは笑顔が消え、休みの日もほとんど寝ているようになりました。家族や友人はCさんを心配し、ほかの仕事を考えるように伝えます。一時的に休職してもいいのでは、とも提案しました。

しかしCさんは怒りだすのです。

「今の仕事で認められているし、誰だってつらいときがある。今は耐えるときだから働かなくちゃいけないんだ！」と。

Cさんは「正社員」であること、「安定して働く」ことに執着しています。

この執着があることで、働き方を一時的に変えたり、転職したりすることに不安を感じているのでしょう。そして、不安から攻撃心が発生します。

自分の意志を曲げようとする人、自分の意見を否定しようとする人に対して、身近な人の心配であっても、不安から攻撃してしまう人は少なくありません。

頑固さを持っている人は、この「一時的に」という考えを受け取りにくいのです。一時的にアルバイトやパートを選んだとして、元気を取り戻してから正社員を目指すことはできるでしょう。

しかし、「これしかない」と思えば、ほかの選択肢が目に入らなくなります。

では、「これしかない」と考えた選択がつらくなった場合どうでしょうか。そのつらい日々を耐えるしかなくなり、徐々に人生そのものが苦しくなってしまいますよね。場合によっては、体調やメンタルを崩してしまうかもしれません。

そこで柔軟に考える問いが**「ほかにはどういう選択肢があるだろう？」**です。

あなたが、「嫌だけど、これしかない！」「無理だけど、ほかにどうしようもない」と思ったときは、一度立ち止まってこの質問を自分に投げかけてみてください。

それが難しいことはわかります。

でも、「できる・できない」は一旦脇において、選択肢を出してみてほしいのです。このときのポイントは、「〜かもしれない」と、ポジティブに考えること。それをできるだけたくさん出してみてください。

Cさんのように正社員にこだわっているのなら、次のようなものが浮かぶかもしれません。

■ 同業界で無理なく働ける求人があるかもしれない
■ 今のスキルをもっと活用してくれる会社が見つかるかもしれない

## ■ 元気になったら冷静に考えられるかもしれない

この「ほかにもある」という考え方は、受けるストレスも減らしてくれます。

人生は選択肢が希望になります。

たとえば、受験で滑り止めの学校を受ける人が多いでしょう。これもほかの選択につながるため、万が一のときも人生の先が見えるようになるのです。

「こうしなければいけないんだ」と思ったときほど、「それを手放したとき、私には何ができるか」をイメージすることが必要です。

何かを諦めたときにどういう道があるのか。

これがあなたの柔軟性であり、視野の広さになります。視野を広く持てば、可能性は無限に広がっていくのです。

# 「真面目」をゆるめる置き換えセルフトーク

頑固さや物事にこだわるような考え方をしたときに、そのとき頭に浮かぶ言葉（セルフトーク）を置き換えることで、捉え方や考え方が変わり、真面目さをゆるめることができます。

試しに真面目な人が使いやすい言葉を置き換えてみましょう。

■「○○しなければならない」↓ ほかにできることはなんだろう

■「まだ完璧じゃない」↓ もう十分だけど、無理なく付け加えてみよう

■「もっと○○しないと」↓ 私なりによくやった

■「あのときああしていれば……」↓ あのときなりに最善を尽くした

■「私が悪いんです」↓ 私にも落ち度はあるけど、周りにも課題はないか？

■「休むと皆に迷惑がかかる」→ 皆も休んだことあるよね
■「今日はまだ掃除ができてない」→ 掃除ぐらい明日でもできる
■「ミスばかり。日ごろの行いのせい？」→ ただ運が悪かっただけ
■「今日は売り上げが悪い。努力が足りないのかも」→ そんな日もある

真面目な人は「もっと」と考えたり、「私が悪い」と自分を責めたりしがちです。これに疑問を持つことが必要です。多くの問題は、相手と自分の両方に課題があります。もちろん、あなたが１００％悪いということもあるでしょう。ですが、そうじゃないケースも多いのです。

あなたが仕事で大きなミスをしたとしましょう。大きなプロジェクトであれば、上司のダブルチェックは必要ですよね。事前に誰かが気づけたかもしれません。

その体制ができていないことも問題だったと考えられます。

このように課題を分けて考えると、自分だけを責めることはなくなります。

もちろん、誰かのせいにする必要はありませんが、やみくもに自分を責めるのでは

なく、「どうすればこのトラブルは回避できただろうか」と視野を広く持って考えるのです。

「もっと○○できたのではないか」と考えるのは、欲張りな思考です。

人は誰だってミスをしたくありません。自分なりに結果を出そうとします。そのときの最善を尽くしているのです。

なのに「もっと○○できたはず」とか「もっとできるはず」と考えるのは、自分の限界が見えていない状態です。

自分の限界を知り、「限界に対してどの程度できていたのか？」と考えなければフェアな答えは出ないのです。

高い理想を持ち、後悔しやすい方ほど言葉を置き換えたほうがよいでしょう。

あなたの言葉を一番聴いているのはあなたです。

口癖は性格にまで影響します。日ごろから後悔の言葉や完璧性を求める言葉を使う方は、もっと曖昧な表現や自分を肯定する言葉に置き換えてみましょう。

## 「不真面目」な自分を許す口癖5選

繰り返しますが、口癖は性格にまで影響します。

楽観的な方は「大丈夫」「なんとかなる」という言葉を使いやすく、ネガティブな方は「心配だな」「もっと考えなきゃ」と口にします。仮に言葉に出さなくても、そのように考えがちです。

真面目で悩んでいる人は、休むことを肯定したり、多少手を抜いたりしても問題ないことを体感する必要があります。

そこで、自分の不真面目さを肯定するような口癖を使っていきましょう。

特に使いやすく、おすすめの言葉が次の5つです。

■ このぐらいでいいでしょ
■ まっ、いいか
■ 私はよくやった
■ なんとかなる
■ 誰だって無理

最初は、意識的に使っていきましょう。

たとえば、つい「心配だな」と思ってしまったら、その言葉を上書きするように「大丈夫でしょ」「なんとかなる」「私はよくやった」などとつぶやいてみます。

これを繰り返していくと、習慣になり、口癖も変わっていきます。


**「このぐらいでいいでしょ」は、完璧主義が出ているときに役立つ言葉です。**

完璧を目指すのではなく、「一定のライン以上だから十分」と肯定することです。求められているラインをクリアすることで、サボっているわけではないと受け入れやすいですよね。

仕事はもちろん、家事でも使いやすい言葉です。たとえば、育児中なのに家の中を完璧にキレイにはできません。友達や家族が訪問するからと片づけたとしても、たった5分で家の中は散らかってしまうのです。

このときなら「育児中の私なら、このくらいでいいでしょ」と使えます。

**「まっ、いいか」は特に真面目な人に覚えてほしい言葉です。**

真面目な人は何かと自分との関わりや責任と結びつける傾向にあります。

会社で誰かがミスをしたときに、「自分がチェックしていなかったのが悪い」と、自分の仕事外のことで責任を感じて疲れてしまうこともあります。

世の中にある問題の大半は、取り返しがつくのです。たとえば友達が3分遅刻をしたとして、あなたは3分だけ周りの景色を眺めていてもいいでしょう。

3分間本を読んでいれば、その時間も無駄になりません。友達を責めることなく「まぁ3分くらいいいか」と思えます。多少のことを許す寛大さを持つと、それは自分の完璧さをゆるめることにもつながります。

**「私はよくやった」は、数名で行動しているときに役立ちます。**チームだとそれこそ、仕事をサボったり、期限を守らない人も出てくるでしょう。

真面目な人はこういう不真面目さに対してイライラします。

ですが、あなたはあなたなりに仕事や作業をし、やるべきことをクリアしています。サボって問題が発生したとしても、それはその人の問題。謝るのもその人の責任ですし、信頼を落とすのもその人です。

まず、「自分はやるべきことをやった」と認めてあげましょう。そうすることで、ほかの人のやるべき内容まで手や口を出し、モヤモヤと考えることが減っていきます。

とはいえ、「部下がこういう人だった場合、中間管理職の私が怒られる、だからイライラするんです」という方もいるかもしれません。

そういうときは、その問題をひとりで抱え込むのではなく、自分の上司や同僚に共有してみてください。部下に振り回されている、不真面目で困っているなら、それを自分一人の問題にしないことが大切なのです。

**「なんとかなる」は完璧を求めて、慎重になりすぎているときに役立ちます。**

真面目な人は失敗することに不安を感じやすく、準備も完璧にしなきゃと考えがちです。その結果として、行動できなくなることがあります。

たとえば、国内旅行に行く際、準備が完璧かどうか悩んでしまうことがあるとします。

ですが、国内旅行なら、多少のお金があれば問題の多くは解決します。足りないものや忘れ物があったとしても、旅先で買ったり、借りたりすればいいだけ。

このように、問題に対する柔軟性を意識できると「なんとかなるでしょ」と、行動しやすくなり、不安に怯えることも減っていきます。

**「誰だって無理」は、取り組んでいる内容があまりにハイレベルなときに役立ちます。**

それこそ、寝る時間が4時間の仕事を一生かけて取り組むのは無理ですよね。誰だって無理なことはあるのです。

無理なことで自分を責める必要はありません。

帰宅しようと思っていたのに、会社から難しい仕事を「1時間でやってほしい」と言われても無理なんです。誰だって無理なことをあなたが形にできるのなら、もっとすごいことができるでしょう。

真面目な性格を都合よく使われることも防ぎやすくなります。

▶真面目をゆるめる5つの口癖を使ってみよう

# 第3章

# より成果が出る「手を抜く」レッスン

# 「手を抜く」ことで、より成果は出やすくなる

前章を読んで、真面目が少しゆるんできたかと思います。
この第3章からより具体的なステップに入っていきましょう。

それは「手を抜く」ということです。
真面目な人ほど「手を抜く」ことに悪い印象をお持ちではないでしょうか。

「私は手が抜けない性格だから……」
「私、適当にやるっていうのができないし……」

このように考える傾向にあります。

真面目な人からは、「頑張りすぎてしまう。もっと肩の力を抜いてやればいいと言われるけど、その方法がわからない」という悩みが届きます。

まず認識を整理しましょう。

先にも述べましたが、**「手を抜く＝サボる」ではありません。**

もちろん、やるべきことをやらないわけでもないのです。

「手を抜く」とは、必要以上に力を入れすぎないこと。

あらゆるスポーツではリラックスの重要性が科学的に証明されています。全力で戦う格闘技、たとえばボクシングを例にしましょう。

ボクシングは思いっきり殴り合っているように見えますが、パンチが当たるまでは徹底的な脱力、力を抜くことが重要などと言われたりします。

つまり、手を抜くとは「ほかのことをする余力を残しながら進める」ことなのです。

中国・春秋時代の哲学者である老子の遺した言葉があります。

「つま先立ちをする者は長く立っていられない。大股で歩く者も、長くは歩けない」


手を抜けない方は、常に全力を出すのが普通の状態になります。

では、全力でも対応しきれない状態が出たらどうなるでしょうか。

そう、無理をするしかありません。

この場合の「無理」とは、睡眠時間や、休憩時間、食事の時間といったものを削ることなどが考えられます。

しかし、睡眠を削って長く働いたり、努力し続けたりできるでしょうか。

休憩や手を抜く瞬間があるから長く力を発揮することができます。その結果として、長く働き続けたり、物事を継続したりできるのです。

大事なのは、捉え方を変えること。


**「ほどよく『手を抜く』ことで余力が生まれ、無理しないで継続的にうまく働ける」**

と考えてみてください。これは考え方だけでなく、事実、精神面でもいい状態を保ち、継続的に上手に働けるコツでもあります。

## ○「手を抜く」という表現を変えてみる

「手を抜く」という表現を変えるだけでも捉え方は変わります。

たとえば、「英気を養う」という言葉。

これはやるべきときのため、気力を蓄える意味で使われます。

つまり、休んでいるのです。

休むことを肯定するために、このような言葉に言い換えているのですね。

アスリートは大会の直前まで激しい練習をするわけではありません。競技によっては考えられますが、常に限界レベルの練習をしては体を壊してしまいます。そうなれば、大事な大会に出場できなくなる可能性すら出てきます。


人のために手を抜く、という考え方もできます。

あなたが必要以上に作業をするから、ほかの人の仕事が少なくなる可能性があるためです。あなたは自分だけが努力していると悔しい気持ちになるでしょう。しかし、あなたがやってしまうから、ほかの人は仕事ができなくなってしまいます。

あなたが会社で役職を持っている人物であれば、あまりに余裕なく作業をしている姿を見て周りは不安を抱くかもしれません。

上に立つ人が余裕を持っているから、部下は報告もしやすくなります。作業を少なくし、ご機嫌である、というのも上司の必要な姿なのです。

考え方として手を抜くことの良さが見えてきたところで、具体的にどのようなことが無理なく手を抜く方法につながっていくのか。ここから順にお話ししていきます。

## ○「手を抜くことがいい」ではなく「手を抜くからいい結果になる」

大リーグでも大活躍したプロ野球選手・イチローさんが、ＳＭＢＣ日興証券の企画で先生役を務めた「おしえて！　イチロー先生」という動画がありました。

そこで、とある女子生徒が「そもそも『好き』って何ですか?」と質問をしたのです。イチローさんは以下のように答えました。

「朝、起きて相手のことを考えていたら好きなんじゃない？　夜はダメ。判断力がにぶるから。大事な決断をするときに『寝ないで考えてきました。三日三晩、寝ないで考えました』と感情的に話をする人がいる。それではいけない。健康的ではないし、夜は暗いし。こういうときは、しっかり寝て明るい時間に考えて決断しなければならない」

ひたすら考えれば答えが出るものではありません。手を抜く、適度に休むからいい結果になるのです。

手を抜かなければいいと思っている方は、どちらかと言えば頑張りをほかの人に見せようとしているのです。

先ほどのイチローさんの発言で言えば「感情的」ということになるでしょう。

作業をし続けることが「善」であれば、作業をしない時間は「悪」となります。作業をしない人たちも「悪」でしょう。

では、作業をし続ける目的とは何でしょうか。

私は工場で医薬品を作っていました。医薬品製造で言えば、作業の継続はよりよい医薬品を安定的に世に届けることとなります。もちろん、安心安全に作らなければなりません。

では、休憩も少なく、トイレに行く回数を減らしてよい製品は作れるでしょうか。


答えは当然ＮＯです。

休みがなければ疲れ切ってしまい、どこかで大きなミスが発生するでしょう。

人は頑張り続けるとパフォーマンスが落ちるのです。

疲れは人の満足度や達成感を得づらくする性質があります。頑張った結果、普段なら満足できるレベルでも満足できなくなります。そして、どれだけ努力してもよりよいアイデアが浮かばなくなり、生産性がストップしてしまうのです。


**大切なのはやるべきことをこなしながら、適度に手を抜き、休むときには休むことです。**

もっと言えば、いつも全力で頑張り続けるのではなく、頑張り方をコントロールする意識を持つこと。

やるべきことをこなしつつ手を抜くのは、力の使い方を変えている状態です。周りの人と笑い合える程度の余裕があるからこそ、小さなミスの予兆にも気づけます。

常に100％を出していると、いずれその働き方や生き方は破綻します。常に無理をしている状態なのですから。

常に100％で生きるのではなく、70％くらいで生きて余裕を持っておく。それで大事なときだけ短期的に100％を出す、くらいの意識がいいでしょう。

「手を抜くことがいい」ではなく、「ほどほどに手を抜くからいい結果になる」ということを覚えておいてください。

# 自分ひとりで全部やらない

手を抜くコツのひとつが「人に任せる」です。

当然ながら、人に任せることができればあなたの負担は減ります。

真面目な自分に価値を抱いている場合、人に任せることが苦手となります。人に任せることが念頭になく、全部自分でやらなきゃと思い込んでいたりします。ただ、それではこの先の人生もヘトヘトになってしまいますよね。

私に届く相談の中で次のようなものがありました。

Dさんはホワイトな企業で働いています。仕事量も多くなく、年間休日も１３０日以上。人間関係も良好で給与も悪くありません。

しかしDさんは転職しようと考えていたのです。

「職場には何も不満はありません。でも、こんな良い職場に私ごときが居ていいのか不安なのです。所属感を得られないのです」

そしてDさんは仕事を辞めました。転職先は仕事の多い企業。年間休日も減り、毎日たくさんの仕事が与えられます。しかし、Dさんは前のホワイト企業より生き生きと働いているのです。

人を退職させる方法のひとつに「仕事を与えない、任せない」ことがあります。やるべきことがないと、それだけで人はストレスを受けてしまうのです。あなたと同じように真面目な性格を持っている人なら、仕事を与えられないことで「私はダメだ」と罪悪感を覚えてしまうでしょう。

すべての仕事を自分で抱えないほうが、周りの助けになることがあるのです。

## ○「人に任せられない」を手放そう

あなたが管理職だったとして、あなたひとりですべての作業を行ったらどうでしょうか。当然部下は育たず、そもそも部下が必要ありませんよね。

また、子どもに失敗させるのがかわいそうだからと、学校の準備から靴ひもを結ぶことまですべて手を出してしまう親御さんがいます。

これでは、子どもが失敗をして学ぶことができません。物事を準備することを学べず、いつまでも靴ひもは結べないままになります。

人に任せるのは勇気のいることです。

**しかし、人に任せることや人のために仕事を作ることも立派な「仕事」なのです。**

最初にお話ししたように、真面目な方は「自分は真面目である」ということがステータスになっています。しかし真面目であるということと、仕事は全部自分でやることはイコールではありません。

仕事はもちろん、その物事に対して真摯《しんし》に振る舞う姿勢が真面目さなのです。


そもそも、人を上手に使うということに真面目も不真面目もありません。その依頼する態度や仕方、誰かのミスを責めず責任を正しく取ろうとする姿を見て、周りの人は「真面目で尊敬できる人だなぁ」と思うのです。

全部自分でやらなくちゃいけないって誰が決めたのでしょうか。

任せることで自分をラクにし、仕事を回す。これも大事なことなのです。


ちなみに人に任せるだけでなく、モノを使うのでもいいのです。

家事だって便利な道具を使えば、あなたの時間は浮き、もっとラクに家事をこなせます。その空いた時間で別のことができます。道具を使いラクをしたとして、家事の結果は同じです。あなた以外のモノ・人を使って解決できる問題であれば、それでOK。

すべてひとりで抱えることが真面目さである、という考えを手放していきましょう。

## 最悪の結果ではない「望まない結果」を受け入れる

物事を全力で取り組む理由のひとつに望む結果を手にしたいというものがあります。完璧主義な方であれば、より理想に近づくために努力をします。

しかし、思ったような成果が出ないことは少なくありません。むしろチャレンジが必要なものに関しては、物事の大半は失敗がつきもの。理想的な結果以外を失敗と捉えるのであれば、9割9分は失敗と言えるかもしれません。

結果主義になると、成果ばかり見てしまいます。

成果でわかりやすいのは数字です。

たとえば、ある人が一念発起してゼロから趣味の釣りチャンネルのYouTubeを開始したとしましょう。頭の中は希望でいっぱいです。

「ヒカキンさんみたいになったらどうしよう」
「YouTubeだけで食べていける収入になったら……」

いざスタートして、楽しくて継続はしているものの、30本動画をアップしてもチャンネル登録者は1000人ほど。再生数もゼロではないものの、せいぜい1本1000再生ほどです。思ったような成果は出ていません。

では、この行動は失敗だったのでしょうか。

YouTubeに挑戦するほぼすべての人はチャンネル登録者数1000名を超えられません。まして、再生数は1桁がほとんど。1000再生以上を獲得できるなど、一流ではないとはいえ三流でもないのです。

むしろ見る人が見れば成功していると言えるでしょう。

## ○「理想の結果ではない」は最悪の結果ではない

このように、理想以外の結果が最悪の結果とは言えません。理想にはほど遠いものの、それなりに成果が出ていることはあるのです。

仕事だって、ほかの人と比べれば落胆することだってあるでしょう。でも、働いて収入がもらえているのなら大成功とも言えます。メンタル的にどうしても働けない状態もあり得るからです。

最初から理想を考えると、その理想を手にした状態を想像してしまいます。これでは捕らぬ狸の皮算用ですよね。

そうではなくて、**結果ではなくプロセスに目を向けましょう**。そのプロセスの中で何かしらの経験やスキルが手に入っているはずです。そもそも楽しいこと、好きなことをしている時点で既に成功しているのです。

成果だけに目を向けず、その過程で得られるものを見ていけば、結果や数字に振り回されなくなります。結果は程々だったけど「楽しい夢を見られてラッキーだった」という視点を持つかもしれません。

**大事なのはプロセスを楽しむこと。**特にチャレンジが必要なものは、頑張れば成果が出るというわけではないことも多いのです。結果だけで自分や物事の評価をしないようにしましょう。

# 反省して忘れるノート

真面目な人の真面目さは、今ここにある作業だけに発揮されるものではありません。失敗体験や戻れない過去に対しても、真面目に悔やみ続けてしまうことがあります。

「あのとき、もっとああしていれば」
「どうしてあんな一言を言ってしまったんだろう」
「私が悪かったんだ」

このように、自分を責めることにも手を抜けません。
人は忘れる生き物である一方で、ネガティブなことは強く記憶に残してしまう生き物。真面目な人は特にそうです。一度自分を責める体験をすると、一生その体験で自分を責めることができてしまいます。とくに真面目な人ほど、失敗した体験を反芻《はんすう》し、自分を責め続ける傾向にあります。

そこで、過去のことで自分を責めなくなる方法をお伝えします。

それが「反省して忘れるノート」を作ることです。

これは反省点を見つけて対策して忘れるためのノート術。

失敗して自分を責めるのはただの感情的な行為にすぎません。何度も思い出して過去を再体験しているだけなのです。

大事なのは、同じ失敗を繰り返さないために、「次に同じことがあったらこうする」というアクションを決めること。これができていれば、自分を同じように責め続けるということがほぼなくなります。

人が過去のことを覚えているのは自分を責めるためではありません。その過去から学び、同じような失敗を繰り返さないために覚えているのです。

つまりは、過去の感情を思い出すのではなく「あのときは、○○で失敗したな」と、失敗の内容だけを抽出し、対策を決めることができればいいのです。

## ○反省して忘れるノートの書き方

**①失敗の反省点を書き出す**

まず失敗についての反省を書きます。これは一度だけ、細かく書きましょう。何度も繰り返し書いていると、嫌な気持ちが記憶に残ってしまいます。一度だけしっかりとアウトプットして気持ちを吐き出すように使います。

**②3つのフィードバックを書き出す**

続けてフィードバックを書き出します。その際、次の3つを書き出してください。

■ なぜ失敗したのか
■ 次回、同じ失敗をしないために何が考えられるか
■ 実践した結果どうだったか

たとえば、仕事で書類の準備が遅れたとしましょう。

うっかり忘れてしまったことが問題です。

これについては、「メモを取る」「タイマーを使う」「スケジュールとして組む」などの対応策が考えられますよね。

次からは、この内容をひとつずつ試していくことになります。

同じミスを防げるようになれば、反省をする必要はなくなりますよね。同じミスを繰り返すことで自己肯定感も下がります。これも防ぐことができるんです。

真面目さは自分を責めることに使うのではなく、問題解決の場で使いましょう。

これで心を傷つける習慣から解放されます。

# 「自分にはできない」を受け入れる習慣

メンタルを崩しやすい人の特徴として、「自分ではどうしようもないこと」をなんとかしようと考えてしまう点があります。

すべての人は、何かしらできないことがあります。できないことがあるからこそ、専門分野の違いが生まれ、悩みの解決先として様々なサービスやビジネスが生まれていくのです。

たとえば、友人に「私は料理ができない。だから、美味しいご飯が食べられない」と言われたらどう答えますか。「え、じゃあお店に行ったり、テイクアウトすればよくない？」などと答えるのではないでしょうか。

このように、自分ができないことはあってかまわないのです。

できないことはできないと受け入れる。良い面も悪い面も全部まとめて「これが自分だ」と認める考え方を自己受容といいます。自己受容ができると、自分の限界も認められるので、「できないことはできない」「無理なことは無理」と受け入れられるようになります。

## ○できないことは、どうでもいいこと

しかし、自己受容ができていないと、「何もかもできなければならない」と考えます。自分の限界を受け入れていないのです。また、できないことを追及されたときも怒ってしまう方が多い傾向にあります。

たとえば、あなたが料理でミスをしたとしましょう。塩の量を間違えて、ほとんど味のしないスープを作ってしまいました。しかし、スープに塩を足せば何も問題ありません。

「このスープ、味がしないね」と言われても、それは事実です。別にあなたを責めているわけではありませんし、味がするように考えていけば解決しますよね。

しかし、自己受容ができていないと「スープも作れないんだね」と言われているように感じるものです。料理を通じて、自分には価値がないと否定されたように感じてしまうのです。

できない自分を認められないため「そんなことで嫌味っぽく言わなくても！」と、怒ってしまいます。

自己受容ができていれば笑い話です。「料理苦手でさー。ほとんど作ったことないんだよ」で終わる話だからです。自己受容ができていると、できないことがあってもいいと思えます。

さらに、できないことを「できませ

▶「できない自分」を受け入れる

ん」と言えるようになるのです。

仕事も自分が対処できないほど与えられたら素直に「この量はできません」と言うことができます。

できないと言っているのに、相手が大量の仕事を持ち込むのなら失敗して当然です。できませんと言ったのだから、それを理解しなかった相手側の責任になりますよね。


自己受容の苦手な人は「今の私にはできない」と置き換えてみましょう。

誰だってできない時期はあるものです。上司だって入社当時は仕事のできない新米社員だったでしょう。何度も失敗を繰り返し、今の地位になっています。

できなくて当然。だからできるようになるため、今努力をしている。

このように捉えれば、不完全な自分を認めやすくなります。

## ○完璧ではない自分でも愛されることを知る

手を抜くことができない根底には、手を抜かないことへの執着があります。

すでに頑張りすぎていること、限界を超えていることがわかっていても、人からどう見られるかを意識しすぎているのです。
完璧にやり遂げることに執着しているのではありません。

「完璧じゃないと愛されない」

と無意識に思い込んでいる可能性が高いのです。
こういう方は、頑張っている姿を人に見てもらうことに執着しています。

しかし、風邪を引いたとき、周りの人は冷たくするでしょうか。
友達はあなたが仕事を辞めたからといって離れていくでしょうか。

そんなことはありません。
友達はあなたがあなただから一緒に居てくれるのです。
この事実を知ることにより、完璧じゃない自分を人前で見せられるようになります。

失敗しても、笑って人前に立つことができます。疲れたときは「悪いけど、今日の予定は次回にしてもらっていい？」と断れるようになるのです。

# 第4章

# 自分をゆるめる「休み方」のレッスン

## 「上手に休む」ことから始めよう

あなたは休むことに対して、どのような印象を持っているでしょうか。

真面目な方ほど、休むことが苦手という傾向にあります。休むことで置いていかれるような印象を持ったり、罪悪感を抱いたりしてしまうのです。

しかし、休まずに生きていくことはできません。

休むことはパフォーマンスを元に戻す行動だからです。

たとえば睡眠は様々な学問の共通認識として、絶対不可欠なものとなっています。記憶の整理整頓につながるだけでなく、身体のメンテナンスをする時間になるためです。疲れた日も熟睡すればスッキリ。翌日は元のように行動できるようになります。

逆に6時間以下の睡眠を続けている人は、二日酔いと同じ状態とも言われています。徹夜明けは、お酒を飲んでいるような状態で生活をしているのと同じこと。集中力は欠け、ミスも増えます。普段の力に対して半分以下の実力しか出せなくなるのです。

## ○体以上に「脳」を回復させる

このように、休むことは絶対に必要なことです。

それなのに休んではいけないと思い込むのはつらいことですよね。

私に届く相談の中にも、「休みたいけど休めない」というお話があります。

休み下手な方は休むことのイメージが極端なんです。

家でボーッとする、ひたすら眠る、何もしない。このような、無気力状態のようなイメージをお持ちではないでしょうか。もちろん、何もしないことも休み方のひとつです。しかし、「何かをしながら休む」ということもできるのです。

そのポイントは「脳を休める」ことです。

現代に生きる私たちは体より脳が疲れていると言われています。体力仕事をして「ああ、疲れた……」という日は、何も考えずに眠れるでしょう。体の疲れは自動的に体が休むモードになってくれるのです。

しかし、脳の疲れは違います。

脳が興奮状態だと、交感神経が優位となり、眠る時間なのに仕事中と同じような緊張状態となってしまうのです。脳が興奮しているのですから、ボーッとしている間でも様々なことを考えてしまいますし、寝つきも悪くなります。

このような状態のときに、いてもたってもいられなくなるのです。真面目な方なら何もしていない自分を責めることもあるでしょう。何かをしなければ安心できないのに、何かをすれば疲れます。

これが、休みたいのに休めない状態です。

そこで、正しく休む方法や納得して休むことを学ぶ必要があります。

「休み方」は誰もが必要なことなのに、誰も教えてくれません。

遊び上手な人は好奇心が強く、性格的に自分をリラックスさせることが自然とできたりします。遊ぶことに対しても脱力できなければ、気の休まる暇はないでしょう。


では定番の「温泉旅行」は休めるのでしょうか。もちろん、仕事から遠ざかり心を鎮めることは可能です。しかし、旅行中も脳が安心できておらず、仕事のことばかり考えているのであれば、それは休んでいないのと一緒なのです。

ここからは自分がしっかりと納得して休めるコツをひとつずつお伝えしていきます。

▶体よりも「脳」を休ませよう

## 「ゆっくり休むのが苦手」な人がやるべきこと

休めないと考えている方は、休むことに対して「罪悪感」を持っています。

「自分だけ休んでいていいのかな」
「休んでいる間にほかの人は働いているかもしれない」
「迷惑をかけてしまうかもしれない」
「仕事しない人だなと周りから思われてしまうかもしれない」

罪悪感とは、「悪いことをしている」という感覚です。休むことに対して罪悪感を持ってしまうと、休む自分に納得できず、自らを責めてしまいます。

ここでひとつ事例をご紹介しましょう。

Eさんには1歳の息子がいます。子どもも少し成長したのでパートとして仕事をすることになりました。家庭的な性格で、家のことも熱心にしています。

しかし、育児に仕事、家事に追われるようになり、心身ともにボロボロになっています。それも当然で、彼女は子どもが寝た隙間時間も無駄にしてはいけないと、家事をしたり、スキルアップのための勉強をしていました。

そのうちに、休もうと思っても旦那さんや友人らから「サボっている。そんなことでいいのか？」と言われるような気がして休めなくなりました。

結局、仕事を続けることができず退職。自分には何もできないような気がして、自分を責めてしまっていたのです。

Eさんのように、すべてを完璧にこなさないと価値がないと思い込んでしまう方は案外多くいます。育児、家事、仕事はそれぞれ労力の必要なこと。どれかひとつでも完璧にすると、ほかのことはできなくなるのです。

## ○「常に何かをする状態」を避ける

**「無理」とは未来からの前借り**です。未来から体力や考える力、行動力を借りている状態なので、どこかで返さなくてはなりません。睡眠不足が続けば、同じくらいの日数、睡眠時間のたっぷりある状態で過ごさなければならないのです。

ゆっくり休むのが苦手な方は、まず「常に何かをする状態」から抜け出しましょう。その方法は、**「何かをする時間」と「休む時間」を明確に分ける**ことです。

育児中であれば、子どもが寝たときに自分も一緒に寝てかまいません。子どもが寝たら自分も寝る、と事前に決めておけば「今は寝る時間だ」と思いやすいでしょう。**その場その場で「休み」を考えるのではなく、ルールとして決めていくのです。**

真面目な方はルールや習慣を守ることにも真面目です。休む習慣を機械的に入れてしまうのもいいでしょう。たとえば、次のように。

■ 週に1日は勉強などをせず、趣味の日とする
■ 夜に30分だけ、楽しいことをする時間にする
■ 朝食はゆっくり食べる

**休むことを「仕事」と捉えるのも有効です。「休む」という認識ではなく「パフォーマンスを元に戻す仕事」と考えるのです。**私は体が弱く、長いと2ヶ月ほど微熱が続きます。1年に1度は39度ほどの熱を出し寝込んでいます。

「ああ、仕事が遅れる……」と焦っていたこともあるのですが、体を回復させることが今の仕事だ、と考えるようにしました。

実際に無理をしても作業ははかどりません。体調が回復すれば1時間で終わる仕事でも、半日以上かかったりすることもあります。休むことは最も効率的な作業とも言えるでしょう。

休むことのメリットを正しく認識することで、休むことへの罪悪感も和らぎます。本来の自分、全力を出せる自分に戻しているイメージを持ちましょう。

# 予定を入れない日を作る

「予定のない日にボーッとしよう」ということではありません。意識的に予定のない日を作り、その日の体調や気分で行動を変えてみてください。

たとえば、今日のタスクを事前に決めておけば、その通りに実行したいと考えるでしょう。タスクを終了できれば満足できます。

しかし、思ったように進まなければ自分を責めてしまいます。そうならないよう、休日なのに無理をしてタスクを終わらせようとするでしょう。

そうではなく、予定の入れない日を作ることで、今日の気分や体調により行動を決めることができます。毎日気分爽快、１００点満点の絶好調ならいいのですが、絶好調の日はほとんどありません。

起床時に、心の点数、心の天気を毎日チェックしてみましょう。

１００点の日などほとんどなく、ほぼ60点程度の日が続きます。熟睡できた日は70点ほどとなり、体調不良の日は40点ほど。どちらかと言えば、多少やる気の出ない心の日は、曇りのような日が多いのです。


それなのに、真面目な人の場合、１００点の自分で行動をしようと考えます。これは体調不良なのに、いつもと同じ仕事量をこなし、人から評価される自分であろうと考えるのと同じこと。体調不良の日はミスが増えますし、いつもと同じ仕事量はこなせません。最低限の仕事をミスなくこなす、が限界でしょう。


大事なのは、今日の心の点数が60点であれば、今日は60点の自分で行動すること。それでＯＫだとすることです。

この練習を予定のない日にしてみてください。

体調不良の日に「今日は体調不良だから休もう」と思えたら大きな進歩です。

## ○「何もしない」も悪くない

そもそも、「何かをしなければならない」という思い込みをストップしましょう。

人生とは、言ってしまえば「時間」です。そして、毎日の連続です。今日を有意義に過ごし、明日も有意義に過ごせれば、人生そのものも有意義になっていきます。

しかし、毎日を右肩上がりのように過ごすことはできません。上場企業だって赤字の年がありますからね。

未来に向けて有意義な活動をしない日があってもいいのです。

「何もしない」とは生きるための活動を何もしないわけではありません。

朝から晩までソファーの上でゴロンとできればよいものの、家事をし、身支度を整えたりしますよね。夜にはお風呂にも入るでしょう。こういう何気ない日常を過ごすだけのときがあってもかまわない、ということです。

ではどうして、「何かをしなければいけない」と思い込むのでしょうか。

**原因のひとつが「焦り」です。そして、「焦り」は不安から発生します。**

今、この瞬間の自分に満足していれば焦りは発生しません。焦っている人の多くは、今すぐに何者かにならなければいけないと思っているのです。

それは豊かな自分かもしれませんし、人から慕われる自分かもしれません。すごいことを成しとげて人から関心を持ってもらいたいということもあるでしょう。

その焦りが、「何かをしていないとダメなんだ」という思い込みになります。

ですが、隙間時間や体調不良のときまで、何者かになるための行動をしても成果は出ません。さらに言えば、努力をしても成果の出ないことは多いのです。

成果を出すために必要なのは肩の力を抜くことと、継続していくことです。

そして、継続するためには休みが必要です。

何かをしなければならない、という気持ちがあれば普段の自分で精一杯努力をしているのです。仕事で手を抜くこともないでしょう。そもそも、人はそのときなりに最善を尽くしているもの。すでに十分なことをしているのです。

ですから、これ以上「何かしなくちゃ」と考える必要はありません。ただ、「何もしない日」を過ごしてみてください。

## 「完全に休む」ではなく「実行する＋休む」へ

休むことに対してまだ納得ができない方は、「1日しっかり休む」というイメージから離れてみましょう。

平日・休日という分け方をしなくても、休むことはできるのです。

休むことに納得できていない状態だと、頭の中で色んなことを考えてしまいます。仕事のこと、お金のこと、将来のこと、スキルアップのこと……など。

これでは体は休めても心は休めません。脳をフル回転させてしまっているのです。

なぜ考えてしまうかと言えば、不安があるからです。

人は行動によって不安を解消しようとします。

「休む」も立派な行動なのですが、休むことを行動として捉えられていないため、

「何もしていない」と考えてしまい、不安を感じるようになります。

それなら休む時間を明確に分けたほうが休みやすくなります。

## ○自分を許せるようになる「休み方」

まず、1日を朝・昼・晩の3つの時間に分けます。

このうち1つか2つの時間は作業的なことをします。勉強かもしれませんし、仕事に関連することかもしれません。不安が解消するよう、気になっている仕事や行動をするのです。

そして、残りの1つか2つの時間は、休んだり趣味やリラックスすることに没頭します。昼寝をしてもかまいません。長い休憩時間のように使います。

**おすすめは朝と昼に作業的なことを行い、夜にリラックス時間を設けることです。**

というのも、早めにすべきことを終わらせたほうが「今日もよくやった」と納得できるからです。夜に作業を設定すると、朝・昼にその作業が気になったり、「何もしていないのに休んでいていいのか」と自分を責めたりする可能性があります。

実は、私自身もこの方法を実践しています。私は独立し個人で仕事をしていますので、明確な休みが存在しません。365日、ほぼ何かしらの作業を行っています。

朝6時半から仕事を開始。15時まで作業をし、そのあとは細かく更新作業をしています。完全に仕事が落ち着くのは大体20時半です。

しかし、20時半以降は仕事をしません。動画を観たり、ゲームをしたり、妻との時間を過ごしたりしています。夜は毎日リラックスする時間にしているのです。時おり、妻が気分転換のため子どもを連れて2日間ほど実家に向かいます。

その日も私は早めに仕事を終えてリラックスする時間に充てています。普段十分に仕事をしているため、休憩できるときは休憩するように心がけているからです。

このように、自分が納得できるほどの作業をしていれば、休むときも罪悪感を持ちづらくなるのです。

ただし、結果的にすべての時間を作業に費やしては休めなくなります。朝・昼・晩と書きましたが、この3つは具体的な時間を設定しましょう。

朝は午前中。
昼は12時から17時まで。
夜は17時〜就寝まで。

このようなイメージです。
もう少し細かく、朝・昼・夜のほかに夕方を設定しても使いやすいでしょう。
ぜひ、試してみてください。

## ○「リラックスできる習慣」で行動を納得させる

そもそもボーッとしたり、何もしないことが苦手という方もいるでしょう。
休むことに罪悪感を持っているわけじゃないけど、体を動かしていないと気が済ま

## 不安が消える「休み方」

1日中休んでいることに罪悪感を感じる人は、
次のやり方で休んでみよう。

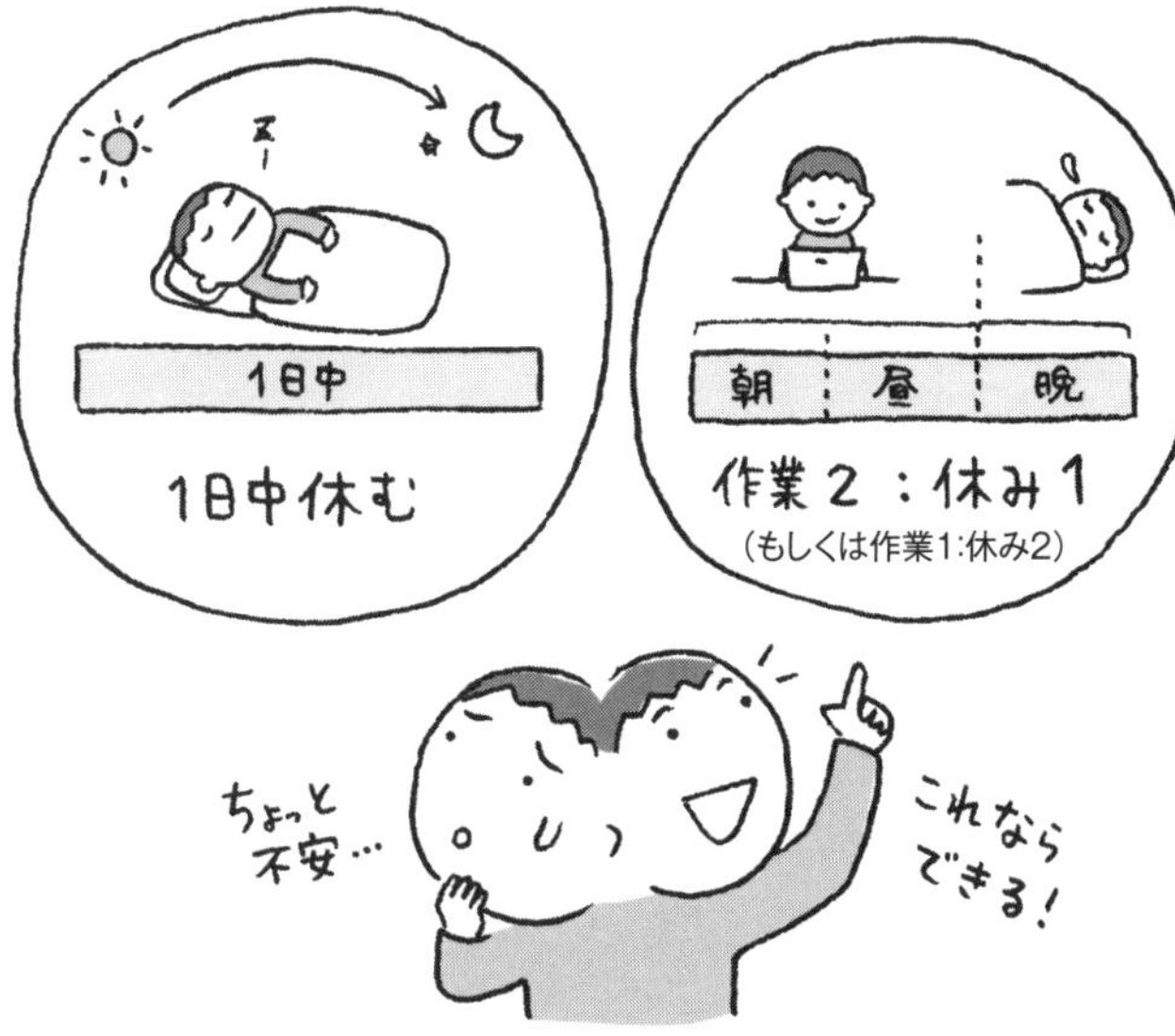


①1日を朝·昼·晩の3つの時間に分ける
②1つか2つの時間は「作業的な時間」にする
③1つか2つの時間は「休みやリラックスできること」

**完全に休むのではなく、**
**「実行する＋休む」にすると不安感が消える**

ない、というタイプの方もいます。

こういう方は、気づいたことについ手を出してしまう傾向にあります。休日のゆっくりしようとしていたのに部屋や家のヨゴレが気になってしまいすぐに掃除をしてしまう。また、何もしていないともったいないような気がして何かすることを探したり、勉強などを始めたりしてしまう、というケースです。休みたいけど休めない……という人の典型例ですね。

このタイプの方は**「行動で休む」**ことを心がけましょう。

何かをしないといけないのなら、その内容が休むことにつながればいいのです。たとえば、リラックスできる方法のひとつにアロマテラピーがあります。アロマテラピーは植物から採取される精油を使い、元気を出したり、心を落ち着かせたりするなどの効果を発揮します。

「よし、アロマを使って休もう！」と考えても、そもそもリラックスする行動を取ることが苦手なのです。積極的に活用しようとはならないでしょう。

では、アロマテラピーの勉強をするのはどうでしょうか。

実際にアロマテラピーの教室を開いている方もいます。または、ハーブを健康に利用するメディカルハーブの資格を取得して、技術を広げることも考えられますよね。休むというより「スキルアップ」としての将来の可能性を広げる行動になります。

しかし、アロマテラピーやメディカルハーブの勉強をするということは、確実にアロマを体験することになります。勉強しつつ、結果的にリラックスできるのです。

さらには、技術を高めるために定期的にアロマやハーブを活用することになるでしょう。勉強がそのままリラックスの時間になるのです。

アロマに限らず、ヨガやピラティス、フェイスマッサージなど様々な内容に置き換えることができます。

ヨガやピラティスも検定があり、資格を取得することができます。すぐに活用できなくとも、将来的にワークショップや動画でのレッスンにつなげられる可能性がありますよね。どれもリラックス効果の高い行動でもあります。

このように、リラックスそのものを技術や学びに置き換えればリラックス習慣を取り入れやすくなります。もちろん、純粋にリラックスのみを楽しむわけではありません。ふと疲れてしまう日もあるでしょう。

それはそれとして、リラックスを体感し、興味を持つことも重要なのです。気持ちがスッキリできれば「これは大切なことだ」とわかるでしょう。

習慣にしてしまえば、一連の流れとして当たり前のように心を休めることができます。リラックスそのものを興味の対象として、日々の行動に組み込んでみるのもいいでしょう。

## 体ではなく頭を休める方法を取り入れる

肩の力を抜いて考えている方は頭も疲れにくいと言えるでしょう。どうにもならないことまで、深く考えることがないためです。

しかし、真面目な人は何とかしようと四六時中考えます。頭を使いすぎてパフォーマンスが落ち、答えが出ないからさらに考える……という悪循環に入ってしまいがち。

そこで**大事なのは、積極的に頭を休める活動をすること**です。

その頭を休めるカギになるのが神経伝達物質のセロトニンです。セロトニンはオンとオフの切り替えにつながるだけでなく、心のバランスを保つ・自律神経を整えるなどの重要な働きをします。

悩んだり頭がパンパンになったりしたとき、「今考えてもどうにもならないな」と切り替え、ほかのことに目を向けられるようになるのです。

## ○セロトニンを活性化させる「休み方」

セロトニンを活性化させる重要点は２つです。

■ 日光を浴びる
■ 運動をする

頭が疲れているときはボーッとするよりも、外に出て運動をしたほうが休めます。

俳優さんや女優さんは撮影が重なると覚えることが多岐にわたり、体より頭が疲れることが多くなるそうです。

そういうときは、積極的に有酸素運動をして体を使い、良質な睡眠につなげる方もいらっしゃるのです。

私たちもこれと同じ。頭の疲れやすい方は運動習慣を持ちましょう。運動は散歩程度でもかまいません。可能であれば、ジョギングなど多少息の上がる程度のものをおすすめします。運動はあくまで習慣でなくてはなりません。たまに運動をする程度では、一時的なものでしかないためです。

また、**頭を使う行動を少なくする**ことも効果的です。

特に今はスマホの利用により頭が疲れ切っている方が多いのです。

少なくとも眠る1時間前はスマホから遠ざかり、ほかのことに意識を向けましょう。デジタル系の媒体や情報から遠ざかり、お気に入りの本を読む・ストレッチをするなどがおすすめです。

真面目な人の中には「最新情報やニュースは知っておかなくては」と、ネガティブな情報もどんどん取り入れようとすることがあります。

少なくとも、疲れて帰ってきた夜にする行動ではありません。ニュースは朝1回見れば十分です。帰宅時は頭も疲れ切っていると考え、SNSやニュース、仕事などの情報から距離を置きましょう。

# 第5章

# もっと生きやすくなる「他人を許す」レッスン

## 「自分を許せない人」は他人も許せなくなる

ここまでお伝えしてきた通り、真面目さを持っている方は、どちらかと言えば自分に厳しい方が多い傾向にあります。

自分に厳しくすれば大きく自己成長できる可能性がある一方、休み下手だったり、不可能なことやハイレベルなことに挑戦し、ボロボロになってしまう危険もあります。

その危険性やリスクについて述べてきましたが、別の問題もはらんでいます。

それは「他人を許せなくなる」というものです。

自分に厳しくストイックな方は、それを自分だけでなく、他人にも当てはめやすくなります。自分への要求・基準の高さを、他人にも当てはめてしまうためです。

たとえば、あなたがひと一倍仕事を抱えているとしましょう。いつもあなただけ1時間多く残業をしています。しかし、ほかの人はすんなり帰っていく……。この状態ならイライラ、モヤモヤするでしょう。

「どうして皆は残業しないんだ！　なぜ一丸となって会社に貢献しないんだ！」

と、皆にきつく言ってしまうかもしれません。

しかし、ほかの人が同じように働いたとして、あなたも今の過酷な状況が続いてしまいます。結果的に会社は得をしますが、あなたは疲れ切ってしまいます。

あなたに必要なのは、何か？

それは、ほかの人と同じように帰ることだったのです。

では、どうやったら頑張りすぎる自分を許してあげられると思いますか。

必要なのは、**「自分に優しくする前に他人を許す」**ことです。

他人の不完全さを許容し、他人が上手に休んでいるのを見て「私もそうしていいんだ」と気づく。

そうすれば自然と自分の厳しさをゆるめることができます。さらには、自分がしたいことを他人がしているからと、人を責めることもなくなります。

人の感情は伝播します。人に厳しくすれば、そのルールは自分にも適用されますから、どんどん厳しいルールの中で生きることになります。

それを改善できれば、あなたはもっと優しい世界で生きていけるのです。

他人を許す、優しくしていく方法を一緒に学んでいきましょう。

## ○自分よりも「他人を許せる」ようにしよう

あなたは、何かしら「許せない体験」をお持ちではないでしょうか。

私も過去に恋愛関係で、どうしても許せない体験がありました。相談業をしていると、親子関係などで「人を許すのは並大抵のことではない」という内容も見かけます。

許せないことは誰にでもあります。

しかし、それは程度の問題です。

ひどく傷つけられたといったトラウマのようなものもあれば、「誰かがミスをした」「同僚が遅刻をした」というちょっとしたことや小さな不満やトラブルもあります。

でも、問題は、ちょっとしたことや小さな不満やトラブルまで、大きな問題として「許せない」と捉える場合があることです。

先ほどは「会社で自分だけが長く残業しており、ほかの人が帰ってしまう」という例を挙げました。ほかには、以下のようなことが考えられます。

■ 夫がトイレットペーパーの紙を補充してくれない
■ いつも5分遅刻する友達がいる
■ 仕事をのんびりしている人がいる
■ 細かいところに気が利かない

真面目な性格を持っている方であれば、こうしたことも色々と考えてしまいます。「しっかり仕事に取り組む気がないのかな？」とモヤモヤすることもあるでしょう。ご家族ならつい厳しく問い詰めるケースもあるかと思います。


こういうときは、「なぜ、相手がそのようにしたか？」を考えてみましょう。

これは先ほどお話しした、許せない体験についても使える方法です。

この段階で「許す・許せない」の判断はできないものの、相手の理由を考えれば自分との違いがわかります。

自分はその内容を「したほうがよい」と考えた一方、相手はそうは思わなかった。

または、それができなかった、ということです。

旦那さんがトイレットペーパーの紙を補充しないのは、自分がしなくても誰かが補充してくれるだろうと甘えているからかもしれません。

これはお互いの思いのすれ違いです。

**怒ることをせず、話し合い、ルールを決めれば解決します。**

仕事をのんびりしている人についても、仕事に対する思いが違うのかもしれません。あなたは真面目に仕事を取り組み、出世や評価を求めている……でも、相手は「出世も評価もいらない。ただ給与さえもらえれば問題ない」と思っている可能性もあるのです。

価値観や思いの違いに腹を立ててもしょうがないのです。

## ○その「許せない」が、他人も自分も苦しくする

**そしてもうひとつ重要なのが、「他人を許せないと自分も同様の基準を守らなければならなくなる」ことです。**

先ほど「いつも5分遅刻する友達がいる」という例を挙げました。

これを許せないと、あなたも遅刻が許されなくなります。

**「許せない」はすべての人のクビを締める方向に向います。**

たとえば、5分遅刻をした友達に烈火のごとく怒ったとしましょう。しかし、あな

たが別の日、その友達と遊びに行くときに目覚まし時計の電池が切れていて、寝坊をしたとします。

理由はどうであれ、あなたも恥ずかしさで胸がいっぱいでしょう。

しかも、今後はお互いが厳しいルールで縛り合いながら付き合わなければなりませんね。

でも、本当にこれでいいのでしょうか。

私は10年ほど製薬工場で勤めていました。私の住む地域は、冬になるとときおり雪が15センチほども積もります。

ある日、雪が降り、道路は大渋滞。一部の人が遅刻をして、製造に遅れが発生しました。そのときに当時の工場長が「社会人であれば雪だからと遅刻は許されない。事前にわかっているのだから、早めに家を出ればいい」と怒ったのです。

しかし、次に雪が降った日。その工場長は遅刻をしました。一部の社員からこの一件で信頼を失ってしまいました。

「人を許す」とはその内容において「自分も失敗してもいい、問題があってもいい」と思えることなのです。

人を許すことで「〇〇すべき」という固定観念を減らしていくことができるのです。

続けて、具体的に人を許す思考法をご紹介しますね。

## 他人を許す思考1
## 選択肢に「許す」という言葉を入れる

そもそも、選択に「許す」が入っていない人がいます。

たとえば、部下や子どもやパートナーが自分の想定していない行動をしたとします。

そのときにどう考え、どう行動するかを無意識的に選んでいます。

■優しく指摘する
■直してほしいから注意する
■怒鳴って感情をぶつける
■怒りに任せてテーブルを叩く
■何度も我慢してきたことを話す

こういった行動の選択肢の中に、「許す」が入っていないのです。怒りと怒りをぶつける行動がセットになっているという人も少なくありません。

「許す」がない怖さとリスクをどれだけ意識できているでしょうか。

他人が自分の期待通りの行動をしてくれなかったということで、怒りをぶつけていたら、自分の感情をコントロールするのが難しくなります。そして、相手に対して直接的にひどい言葉を浴びせてしまう可能性もあるでしょう。

ひどい言葉で言わなくても、正論で相手を追い詰めてしまうことで、相手が萎縮したり、心が傷ついたりして、会社や家庭の雰囲気を悪くしてしまうかもしれません。

もちろん、「相手が悪いからしょうがない」という理屈も成り立ちます。しかし、自分が正しかったり、相手が間違っていたりしたからといって、相手を責めたりしても、多くの場合問題は解決しません。

パートナーや子どもであっても、部下であっても、敵ではなく、同じコミュニティに属する味方であるはずです。

悪意を持ってわざと失敗したり、やるべき行動をしないようにしたのであればともかく、多くの場合、あなたが期待したような行動をしなかっただけ。わざとミスしたり、嘘をついたりしたわけではないはず。

そうであれば、ちゃんと「許す」という選択肢を入れておいてください。

**「許す」とは、相手の考えや結果に対して、理解をしてあげること**です。

たとえば、子どもが夜家に帰って勉強をしていなかった。理由を聞くと、「帰ったばかりなんだからまだ勉強したくない」と言ったとします。

ここで「家に帰ったら勉強するって決まっているでしょ！」と怒鳴るのは簡単です。そうではなく「家に帰ったばかりでちょっと疲れているよね」と相手の状況や行動、考え方を理解してあげるのです。

**自分以外の人の行動に理解を示し、「そういうときもあるよね」とそれにＯＫを出していくだけで、自分に対しても、他人に対しても、真面目さという側面をゆるめていける**ようになります。

またそうすることで、相手は自分の意見や行動を尊重してくれた、聞いてくれたと思い、人間関係もおだやかで良いものになっていきます。

他人を許したいわけですから、相手の取った行動があなたの思う行動と違っている状況がほとんどでしょう。たとえば、

■ 子どもがご飯をキレイに食べない、残している
■ 部下が仕事中、あまりに多くトイレに行っている
■ 同僚がスマホゲームに夢中で仕事の休憩を長く取っている

といったことがあったりします。
この3つの例のうちでいえば、スマホゲームに夢中で仕事の休憩が長引くのは論外。これはルールから逸脱していますよね。これを許してしまっては、全員がゲームや自己都合で休憩時間を延ばしてしまいます。選択肢に「許す」は入りづらいでしょうし、入れる必要もありません。

では、「ご飯をキレイに食べない、残している」はどうでしょうか。
あなたはマナーとしてできるだけキレイにご飯を食べることを意識しているとしま

す。でも中には、多少の米粒を残す方がいます。どうしても苦手な野菜だけ避けて食べる方もいるでしょう。

このときに「許す言葉」を意識してみてください。

たとえば、「少しぐらいはいい。許してみよう」と、頭の中で許す言葉を言ってみるのです。

許す・許さない、という言葉は多少上から目線に感じるかもしれませんが、実は心の中でこのように判断することは誰もが行っています。それを意識的に許す言葉を頭の中で唱えるだけでも、選択肢が「優しいもの、曖昧なもの」に変わっていきます。

許すという言葉に抵抗があるのであれば、

■ まあいいか
■ しょうがない
■ 今日はＯＫと言ってみよう

そういった言葉でもいいのです。


最後に、「仕事中、何度もトイレに行く」についても見ていきましょう。

これも「お腹が痛いのかもしれない。許そう」と、相手の理由を考えるきっかけになります。許す選択肢を持つことで「許すための想像力」が働くようになるのです。

これは視野が広がったとも捉えられますよね。


先ほどもお伝えした通り、「許す」という考えがなければ、選択肢はすべて厳しいものになります。「〇〇しなければならない」「〇〇してはいけない」といった厳しいルールでがんじがらめの生活を強いられます。

自分も他人もトイレに行くことを躊躇《ちゅうちょ》するかもしれませんね。

でも逆に、許す考えがあれば、許せる範囲だったり、相手の理由について目が向けられるようになり、結果として、精神的にもラクで生きやすい状況や環境を作ることができるのです。

# 他人を許す思考2
# 他人に期待しない

「許せない」と思う人の多くは、周りの人に対して期待をしていることが多いです。

■ これくらいやってくれるはず
■ お願いしたことはやってくれる
■ 私が頑張ったら褒めてくれるはず

このように人は何かしら他人に期待を持つものです。

そして、人に期待をすれば、期待外れだったときにイライラしたり、怒りを覚えたりします。

相手が自分の期待に応えられないと、裏切られた気持ちになり、相手の行為・行動を許せなくなるのです。別の見方をすれば、それは自分の目測や判断が間違っていたことに腹を立て、その怒りを相手にぶつけている状態とも言えます。

**期待はあなたが一方的に抱いているにすぎません。頭の中で「こうすべきだし、こうするだろう。こうなるだろう」と理想像を作り上げてしまっているのです。**

理想像を作ってしまえば、その通りになってほしいですよね。

ここに真面目な性格のデメリットである頑固さが出てしまうと、理想像から外れたことは「許せないこと」になってしまいます。

人に期待する方は「自分も期待されている」と思っていることが多いのです。

心理学には「投影」という言葉があります。これは心理学で著名なジークムント・フロイトが提唱した防衛機制と呼ばれるもので、受け入れられない自分の感情や思いや、自分自身の悪いところを相手に重ねて相手が思っていると思い込む思考のことです。

たとえば、あなたが会社の先輩を嫌いだとしましょう。このときに「先輩は私のことを嫌っている」と自分の心理を相手に写してしまうのが投影です。

ただ、この投影は肯定的なことにも発生します。

真面目な自分を大切に思っていれば、真面目な自分が期待されていると思います。そして、周りにも「真面目に立ち振る舞うべきだ！」と期待するようになってしまうのですね。

あなたがキレイ好きとして、周りの人も「キレイにすべきだ」と思っているはずだと思い込みます。部屋が汚かったとき、周りの人がキレイにしていないわけですから、サボっていると感じる。このような考え方と似ています。

**相手に期待しないコツは、「あなたも他人に期待されていないことを知る」ことです。**

たとえば、真面目な方の中には「休んではいけない」と考えている方がいます。自分が休むと会社に迷惑がかかり、業務が滞ってしまう、と。

しかし、実際に休んでみると、それほど周りは気にしていないのです。

これが、自分が思っているほど周りは期待していない例でしょう。

自分もラクに振る舞っていいと知ることで、周りに対する期待も和らげることができます。

そのためには、周りと同じ程度のスピードや労力で仕事に取り組んでみるのもいいでしょう。そうすることで、「自分がやりすぎていたのかもしれない」と気づいたりするかもしれません。

人に対して過度に期待をしていると、相手がその行動を取らないときに裏切られた気持ちになります。

では、「期待に応えない人」はどのような心理を持っているでしょうか。

それは、「そもそも期待を受け取っていない」ということです。

あなたが美容師さんと友達になったとしましょう。そのとき、「もしかしたらタダで髪の毛を切ってくれるかもしれない、整えてくれるかもしれない」と考えた人がいたとします。これが期待です。

ですが、当然相手が友達だからと言って、タダで髪を切ってくれるわけではないですよね。むしろ、友達だからこそ「サービスはするけど、お店でしっかりと対応させて」と考えているでしょう。相手は自分の思いであなたに対応するだけなのです。

もし過度の期待で落胆したくないのなら言葉にする必要があります。

人は他人の心がわかりません。

察しているように思っているだけで、実際は、相手は自分の思いとは別のことを考えていることが多いのです。

相手を怒らせたと思っていたのに、相手がまったく怒っていなかった、ということも多いでしょう。それと同じです。

髪の毛を切ってほしかったのなら、しっかりと言葉を伝えて頼み、お金を支払うことが必要です。具体的であればあるほど、あなたの期待は明確に伝わります。

期待とは私たちが作り出した幻想です。

期待に応えてくれなかったと感じるのは「こうしてほしい」という損得の気持ちが強くなっているためです。相手は単に素の自分で行動しているだけ。そこに裏切る気持ちもないし、あなたを否定する気持ちもないことを知っておきましょう。

# 他人を許す思考3 真面目かどうかで人を見ない

真面目さが自分にとって重要であればあるほど、他人に対する判断基準に「真面目さ」を置くようになります。

人はコンストラクトという認知構造を持っています。

コンストラクトとは、その人が持っているレンズ・フィルターのようなもの。人それぞれ違った色のメガネをかけている、と思えばわかりやすいでしょう。

たとえば、目の前においしそうな料理が出てきたとします。「温かいうちに食べよう！」と思う人もいれば、すぐに写真を撮影しインスタグラムに掲載する人もいます。レシピを考える人もいれば、食べておいしい顔をしている自分を撮影しなきゃと思う人もいるはず。

このくらい捉え方が違うのです。

つまり、同じものを見ていても、それぞれ見方・判断ポイントが違うのです。真面目さだけがあなたのレンズ・フィルターであれば、真面目な人は価値があり、不真面目な人は価値がないと考えてしまいます。不真面目な人はその時点で「ダメな人」と思ってしまうのです。

**大事なのは、性格や気質に対して、「良い・悪い」で評価しないことです。**

完璧主義が悪ではないように、不真面目に見えるから悪というわけではありません。自分の基準からすればもっと真面目にやってほしいと思ったとしても、イコール悪やダメというわけではないのです。

そもそも不真面目な人は、本当にダメな人なのでしょうか。

たとえば、私の知り合いに、いつも遅刻をする人がいます。しかし、いつも明るく朗らかで楽観的。一緒にいるだけで癒やされる、元気になれるような人物です。

言動を見ればとても真面目とは言いづらい点がありますが、それでも魅力的で、一緒に話したい、友達でい続けたいと思えます。

これは真面目さ以外に価値がたくさんあるからです。いや、不真面目な点もあるからこそ、輝いて見えるのかもしれません。不真面目でも人に優しく、人への労わりを持てる人物だからです。

**真面目が良く、不真面目がダメという考え方自体思い込み**です。

真面目さ以外のレンズで人を見れば、他人や自分の見方が変わります。真面目・不真面目以外の価値を見出すことができるようになり、自分の「真面目」という重要度を下げることができるのです。

## 他人を許す思考4
## 人間は不完全、自分も他人も不完全

「自分が不完全なように、周りの人も不完全」

これを意識しましょう。
そもそも完璧な人間は世界中どこを探してもいません。
人は常に不完全です。完璧とは近づくもので、成し遂げるものではありません。

**「自分が不完全なように、人間というのは不完全である」**

**この思考が、相手のミスや言動を許しやすくしてくれます。**
もし、それが許せないのなら、相手に過度な期待をしていたことを表しています。

育児をしていると、日々、不完全さを許せないことに出くわします。

子どもがご飯を残す。勉強で思ったような点数を取れない。勉強してほしいと注意をしたら、反発して怒り出す。そんな具合です。

では、視点を変えてみましょう。

あなたは親の期待通りの子ども時代を過ごしていたでしょうか。いつもテストが満点であり、ご飯は一切の好き嫌いもなくぺろりと食べる。兄弟の面倒を見て、テレビばかり見たり、ゲームばかりしない。

いかがでしょうか。多くの方は、そんな状態ではなかったはずです。

自分ができていなかったことを、他人に課すのは酷なこと。

この話で重要なのが「平等性」です。

この世の中は平等ではありません。生まれつきの体力、経済的な環境、遺伝的側面もすべて違います。また、家庭環境も違えば、住環境だって違います。裕福な家庭もあればそうでない家庭もありますよね。

生まれたときから、人それぞれ持っているものが違う。だから、あなたの求める完璧を人がこなせるとは限らないのです。

これは同時に、「あなたも不完全でいい」ということになります。

なぜなら、世界は不平等で、誰もが違って当たり前ということだからです。


セロリから苦みを取ったらセロリではなくなります。それと同じように、あなたからできないことを取ったら、あなたらしさを失ってしまうかもしれません。

それは他人も同じこと。

あなたがあなたであるために、あなたにできないことが存在していてもいいのです。

人それぞれできないことがあるから、それをできる人が助けますよね。それぞれの人ができないことがあるからこそ、あらゆるサービスや商品が存在し、今の社会を成り立たせているのです。

「不完全だからこそ、人が人としていられる」という気づきを得れば、人や自分の不完全さも許容しやすくなるのです。

# 他人を許す思考5
# 人を変えようとしない

「他人を許す」ための大事なポイントはまだあります。それは、

**「人を変えようとしない」**


ということです。

人を変えられるのは自分だけです。

他人の考え方や言動、振る舞いは変えられません。

真面目さに強いこだわりを持っていると、自分も人も真面目さがある、という前提で物事を考えてしまいます。

これは前提ですので、真面目じゃないことはあってはならないという考え方に陥りがちです。そして、不真面目な人がいると「それは許せない！」と思い、真面目にしなくてはと干渉します。人を変えようとするのです。

不真面目な人がいてはいけないので、あなたの頭の中も不真面目な人でいっぱいになるでしょう。

「なぜあの人は不真面目なんだろう。真面目にしたほうが、ずっと良いことばかりなのに……」と、自分の価値観で周りを判断してしまいます。

不真面目な人はどこにでもいます。さすがにわざとサボる人はそれほど多くありませんが、仕事で上手に手を抜く人もいるでしょう。

先ほど「仕事の目的」の話をしました。仕事にそれほど力を入れたくない方は、給料をもらうことが自分の目的になっているのです。出世をしたいとも思っていません。

そのような人に「真面目に働き出世を目指すべきだ」と言っても伝わらないでしょう。

お互いの目的そのものが違います。相手からすれば、あなたのことを「真面目すぎる」と思っているのです。

そこで、自分と人はそもそも違うもの、さらに言えば人は全員違っているものという考えを持ちましょう。他人はあなたの分身ではありませんし、あなたと他人の脳は同じではないのです。

実際、あなたも他人から「真面目すぎるんじゃない？」と言われても、真面目さをポイッと手放すことはできませんよね。明日突然、性格を変えることもできません。ほかの人に真面目さを求めることも同じことです。

## ○誰かを変えたくなったら、スルーする

それでも人を変えたくなってしまう方におすすめの方法があります。

それは**「スルーする」とイメージする**こと。別の言い方をすると「放置」するのです。

ようするに、周りの人がどのように仕事をしていても気にしないでスルーし、放置するというもの。

「それができなくて困っているんだけど……」と思う気持ちもわかりますが、そう思っているということはスルーや放置ができていません。

そしてこのときに大事なのが、**「相手に対してネガティブな評価をしない」**こと。スルーや放置をしていると、無意識に「そういう仕事の仕方をしているからうまくいかないんだ」「絶対にあれはダメ」と思ったり、もっとひどいと「失敗しろ」「ザマアミロ」などと思ってしまうかもしれません。

それではスルーも放置もできていません。他人を許すことができていない＝自分のことを許すことができないままなのです。

「スルー・放置」というのは、自分は自分、相手は相手と考えることと同時に、相手に対して評価をしない（気にしない）ことです

**相手がうまくいこうが、相手がうまくいかなかろうが、気にしないこと。**

これが基本です。

ただ、自分の真面目をゆるめるチャンスがもうひとつあります。

それは**相手が失敗したとき、何かひとつ優しくしてあげる**ことです。

たとえば、放置した相手が仕事でミスをしたとします。以前の自分であれば、「自業自得」と心の中で吐き捨てて終わっていたかもしれません。


そうでなくて、そこで一言相手を労る言葉をかけてあげたり、状況によっては手伝ってあげましょう。もちろん、相手の話を聞いてあげるだけでもＯＫです。

この行為をすることで、自分の無意識が相手を許すことにつながり、自分の真面目の基準をゆるめていくことができます。


スルーや放置をすることが苦手であれば、お互いに「半分ほど理解する」がおすすめです。そうすることで、真面目のメリットを相手に少しは理解してもらえるかもしれません。それで大成功だ、ということです。

逆にあなたも真面目さのデメリットを理解しましょう。

無理せず働くほうが、メンタル的にも余裕が生まれ長く働きやすい側面があります。

このようにお互いを変えることなく理解し合える面を持てば、結果的に視野が広がり、真面目さ以外の性格や目的にも目を向けやすくなります。

# もしも相手に迷惑をかけられたら……

嫌なことをされたら嫌な気持ちになって当然です。

心理学では「返報性の原理」という考え方があります。何かを与えられたり、嫌なことをされたりしたら、人は相手に返したくなるという心理法則です。

嫌がらせをされたら、同じように嫌がらせを返したくなります。

逆に褒められたら、こちらも相手を褒めたくなるのです。

相手から迷惑をかけられたら、相手に迷惑をかけるまでしなくとも、怒りや反発心を持つことでしょう。一言くらいは嫌味を言いたくなるのも、人間誰もが持つ心情だといえます。

こういうことも許さなければいけないのでしょうか。

こういう場合は、**すぐに判断をしない**ことをおすすめします。

迷惑をかけられた場合でも、相手の対応次第で気持ちは変わりますよね。悪意であなたに嫌がらせをしたのなら、許せない気持ちが芽生えるでしょう。

では、相手に悪意がなく、しっかりとした謝罪があったらどうでしょうか。きっとその一言で気持ちは和らぐでしょう。これは謝罪という、あなたへの労わりがあったためです。労わりがあれば、こちらも相手に労わりを返したくなります。「大丈夫」「気にしないでいいよ」と言いたくなるでしょう。

真面目な方はどうしても、厳しく判断をしがちで、明確な答えを求めたくなる傾向にあります。

ですが、人間関係はもっと複雑なものです。少しの言葉で気持ちが変化することも少なくありません。

相手への許す・許さないという気持ちが揺れ動いているのなら、相手の態度や行動をよく見てみましょう。相手があなたに迷惑をかけたのに、ふてくされて「嫌々謝る」のなら、非礼な態度と言えます。

人間関係はお互いのコミュニケーションであり、キャッチボールのようなものです。あなたが相手にボールを投げても、相手が後ろにボールを投げたら受け止めることはできません。

相手が態度を改めたら「こちらは許す準備がある」、これで十分です。

# 第6章

# 自分を疲れさせない習慣

# 気を張り詰めて過ごす習慣を減らす

真面目さをゆるめようとしても、一夜にして突然自分を変えることはできません。だから**大事なのは、焦らないこと。**まずは自分の一部に「真面目じゃなくてもよい」を取り入れるイメージを持ちましょう。

私は33歳のときに独立してからは、1日の大半を仕事に費やしていました。ちょうど家を建て長男が生まれたときに独立を選んだのです。正直に言えば心の中はプレッシャーでいっぱいでした。仕事をしていないと不安だったのです。

皆さんは「セルフブラック」という言葉をご存じでしょうか。

これは経営者や自営業・フリーランスの方が不安定な収入・仕事の安定を目指すべく、ブラック企業に勤めているかのように働き続けてしまうことです。私は寝る間を惜しむまではしませんでしたが、朝から晩まで必死に仕事を続けていました。まさにセルフブラック状態です。

そのような生活を続けて数年が経ったとき、ふと思いました。

「自分を大切にしなくて、このまま働き続けることができるのだろうか？」

確かに仕事は大事です。食べていくためには働かなければなりません。しかし、自分が元気でなければ働くことはできません。仕事に集中することで、結果的に家族を守れなくなるかもしれない。

そこで私は、1日に30分ほどは趣味だったゲームをしたりする「のんびり時間」を設けることにしたのです。

趣味としてのゲームに真面目さは必要ありません。誰が見ているわけでもないし、競っているわけでもないからです。好きなようにプレイして、気が晴れたら仕事に戻ればいいのです。これが私の「真面目ではない時間」です。

真面目をゆるめる・不真面目を許す、と聞けば「ふざける・怠ける」という印象を持つでしょう。そうではありません。

気が張り詰めていた時間を少なくしていこう、という考えなのです。

無理をして物事がうまくいくのなら、必死になって働いている人のすべてが報われているでしょう。実際は必死になった結果、頑張りの代償にボロボロになっている方も多いのです。

気を張り詰めて過ごす習慣を減らし、脱力して考えましょう。

## 「疲れない、ラクかどうか」を基準にする

頑張りや真面目さは、何に発揮するかが重要です。そのためには行動の前に選択をしなければなりません。

仕事でも時間のかかる内容を任されることがありますよね。その際に残業をするか、それともツールを導入するのか、分担作業を依頼するのか悩んでしまうでしょう。そこで、選択で悩んだ際に「疲れない、ラクかどうか」を基準にするようにします。

真面目さを持っている以上、どの選択を取ってもある程度は真面目に取り組めるのです。いくら真面目さをゆるめることができてもゼロにはなりません。

真剣に取り組む姿勢はあります。

では、その真面目さを奪われるような場に使ったらどうでしょうか。

世の中には「奪うタイプ」の人がいます。

このタイプの人を俗に「ずるい人」といいます。

あなたが仕事を分担作業にする選択を取ったとしましょう。ずるい人と一緒であれば、あなたの頑張りもずるい人が奪っていく可能性があります。自分がすべてを考えて実行したかのように、上司に報告するかもしれません。こういう人が周りにいると疲れてしまいますよね。

自分の頑張りを奪うような人と一緒であれば、真面目さがあるからこそ悔しくなりイライラするでしょう。

**怒りは人を大きく消耗させる**のです。

だったら、時間がかかるにせよ、ひとりで残業をしたほうが気はラクです。気がラクなのですから心は消耗しません。

私が相談業中心で独立をする際も、この「疲れない、ラクかどうか」を意識しました。もちろん、現在の仕事を不真面目に取り組んでいるわけではありません。しっかりと仕事時間を決め、責任を持ち取り組んでいます。

しかし、組織にいた際は理不尽なことが多く、いつも消耗していました。複数の上司から違った指示が飛ぶ「ダブルバインド」もあり、仕事内容だけでなく、人間関係による悩みも重なり、仕事に関わらない点での消耗が大きかったのです。

一方、今現在は基本ひとりで仕事をしています。

長いだけの会議もなく、上司もいないため指示や命令をされることもありません。失敗しても自分で責任を取り、同じミスを繰り返さないように考えることができます。自分の仕事に使うエネルギーを無駄なく仕事に使えています。

**「疲れないか、ラクか」という考え方は単に、疲れにくくてラクな仕事をしましょう、という話ではありません。**

**自分にとって無理がなく、疲れにくいけどうまくできる仕事や働き方をするということ。**

「一切疲れない、ほとんどやることがない」みたいな仕事を選ぶと、逆に不安になったり疲れたりします。

そうではなく、自分にとって無理をしなくても、成果が出てあまり疲れないというものを選ぶと、人生は楽しく有意義になります。それが自分に合った仕事です。

私だってそうです。

皆さんも消耗せずに自分らしく働ける仕事や仕事のやり方を模索してみてください。

# 不安を頑張りで解消しようとしない

誰だって不安を抱えています。不安自体をゼロにしたいと思うかもしれませんが、もし本当に不安がゼロになったら、それはそれで問題です。不安は人に慎重さを与え、小さなミスや大失敗を防いでくれたりします。

ただし、不安に飲み込まれるような状態は問題があります。ストレスを抱えるため心身ともに消耗しやすく、思考や行動が遅くなり、ストップしてしまう可能性があるからです。

不安解消のため、私たちは様々な行動を取ろうとします。

■ 人に愚痴る

■ 問題の解決策を探る

■ 誰かに助けを求める
■ 少しずつできる範囲内のことをする

これら自体は問題ありませんし、とてもいいことです。ですが、不安を「労働時間を増やす」といった頑張りで解消しようとするのはあまり得策ではありません。「頑張り」とはエネルギーの向け方ですから、頑張っても成果の出ないことに力を注いでも不安は解消されないからです。

私たちの抱える不安のひとつが「収入の不安」です。

収入が低く生活が厳しければ、誰だって不安を感じます。

たとえば、現在の職場で仕事を頑張る選択を取ったとしましょう。職場が頑張りを認めてくれる状態であれば問題はありません。では、頑張っても報われない職場ならどうでしょうか。

会社の売り上げが低迷していれば、社員に還元することはできません。あなたがどれほど頑張っても社員にボーナスを出せないのです。会社が潰れたら元も子もありませんよね。まずは会社の借金返済や設備投資にお金を使うでしょう。

頑張っても報われない状態・努力の方向性を間違えている場合、頑張り続けても不安は解消しないのです。

でしたら、転職活動をする、個人で事業を立ち上げる、副業をするといった行動のほうが「頑張り」は報われやすいのです。あなたの会社が副業を認めてくれる会社であれば、月に2回ほどアルバイトを入れるほうが手っ取り早く収入不安は解消します。昇給を待つ必要もありません。

何をするにせよ不安を解消するなら、立ち止まって考える時間が必要です。**考える時間のことを「無駄な時間だ」「この時間で仕事を頑張れるのに」と思ってはいけません。その思考があなたをボロボロにしてしまいます。**

考えることは目に見えません。

しかし、頭の中でしっかりと汗をかくように努力しているのです。

これはスマホと同じイメージです。機械の動いている状態が目に見えるわけではありませんが、内部では必死に電気信号を働かせていますよね。それと同じなのです。

**考えることも立派な行動なのです。**

不安を「頑張り」で解消しようとせず、まずは不安の原因とそれを解決するための行動を書き出してみましょう。

将来の不安の種類も様々です。

金銭面の方もいれば、健康面に悩みを抱える方もいます。孤独感で押しつぶされそうな方もいるでしょう。

孤独感が不安の原因なのに、必死に仕事を頑張るのはエネルギーを正しく不安解消に使っているとは言えません。「なんとなく頑張る」という、自分を頑張りで保とうとする行動を避けることが不安解消の近道です。

## どういう状態でも楽しめる自分を作る

「失敗したくないから、真面目に頑張る」という方は、失敗した状態を想像してみましょう。こうした問いかけはカウンセリングでも行われる方法です。

たとえば、今の仕事がなくなることが不安だとしましょう。その理由は生活ができなくなると思っているためです。では、今の仕事を失ったらどうでしょうか。考えてみてください。

きっと、できる範囲内で何か仕事を探すでしょう。

では、今の仕事から別の仕事に変わってはいけないのでしょうか。

このように考えていくと、今の生活の維持にこだわっていることがわかります。脳は変化を嫌いますから、現状維持バイアスから今の状態にこだわっているとも考えられるのです。

そこで、**「どんな状態でも楽しむ（楽しめる）」と、考え方を変えてみる**のです。

私は学生時代に極貧でした。親に無理を言い私立の音大に通わせてもらったため、奨学金は学費にすべて消えていきました。アルバイトをしても、学費や将来必要な車の購入用の貯金でなくなります。周りの友人らがコンビニでご飯を買う中、私は焼いたパンに砂糖をまぶしたものを家から持参して食べ、周りの学生から驚かれていたものです。

ですが、私はそんな状況を楽しんでいたのです。音楽を学ぶことそのものが楽しくて仕方ありませんでした。気の合う仲間たちと笑えることも多く、特に生活で足りないものはなかったのです。

とはいえ誕生日くらいはお祝いしたいものですよね。そこで私は1年かけて小銭の貯金を始めました。誕生日までに5千円〜1万円ほど貯まりますので、そのお金で1着だけ自分の好きな服を買うようにしていました。

極貧時代を楽しめた経験から、今もそれほど貧乏が怖くはありません。多少収入が落ちたとしても、私個人としては困らず生活できることを知っています。そして、そんな生活でも笑って過ごせる自信があります。

このように、何かに失敗した状態でも笑える自分がいれば怖くないのです。

ひとりになるのが怖い方もいます。

では、ひとりの楽しみがたくさんあったらどうでしょうか。

ひとりであれば面倒な人間関係がありませんし、交際費もかかりません。好きなものを買い、好きな場所に行けます。人から指示や命令をされることもありません。

実際に**ひとりを楽しめる方は孤独耐性が高い**のです。

ひとりを恐れないため、嫌われることも怖くありません。

嫌なことを嫌と言えます。自分の時間を守るため断ることもできるのです。

あなたも最初からすべてを手にしていたわけではありません。仕事も自分で求人を探し、面接を受け就職したのです。今の仕事を手放したら元に戻るだけ。また同じように仕事を探せばいいのです。さらには、今のあなたがやりたい仕事を選ぶ嬉しさも出てきますよね。

**あなたがあなたらしくいれば、大抵のことはなんとかなります。**

いつだって何かをやめ、さらに得る自由があるのです。
どんなことだって楽しめる。このマインドがあれば、大丈夫。もう少し真面目さをゆるめて生きてみましょう。

# 自分を疲れさせないHSP式ルーティーン

ひと一倍敏感なHSPさんの特徴として「刺激に敏感で疲れやすい」ことがあります。刺激の最適値が人と違うため、周りの人が楽しんでいる状態でも疲れてしまうことがあるのです。

わかりやすいのは騒音ですね。

私の妻は敏感ではありません。一方で私はひと一倍敏感です。少しの物音が気になりますし、BGMの流れているような場で眠ることができません。テレビの音もどちらかと言えば小さい音量が安心できます。

そんな私ですので、頑張ろうと思ってもヘトヘトになってしまうときがあります。毎日の仕事が終わったらグッタリ……これでは家族と過ごす時間も持てません。自分らしい時間も休むことで終わってしまいます。

そこで、疲れないために日々取り組んでいることがあります。

■ 1日7時間以上眠る
■ 1日に1回は運動習慣を持つ
■ 必要のない情報やニュースから離れる
■ 人との比較を減らす
■ 仕事時間とオフの時間を明確に分ける
■ 自分の価値を蓄積する活動をする

まずは身体的に疲れないことを心がけています。

睡眠時間をたっぷり持ち、運動習慣も持っています。

睡眠に関して言えば、寝ている時間が7〜8時間ほどです。寝室に入っても一瞬で眠れるわけではありませんよね。7時間眠りたいのなら、その30分前には寝室に入り横になっています。

どちらかと言えば、体が疲れるより頭が疲れる感覚が多いです。これは真面目な方にも多いでしょう。様々なことを考え、そして脳が疲れてしまうのです。脳が疲れるとパフォーマンスが落ちてしまいます。

そこで、ニュースやSNSを見る時間を制限しています。SNSに関して言えば、私は発信に注力する程度。ほとんど人をフォローしていません。ほかの人の行動を見ないようにしています。結果的に人との比較も減り、劣等感を感じることも少なくなっています。

また、ワークライフバランスを保つため、仕事の時間もある程度は取り決めています。朝6時半～昼12時まで作業。そこから1時間休憩や運動。そして子どもたちが帰ってくる15時まで作業。17時と20時にそれぞれのSNSライブや、SNSを含む各種更新作業をしています。

予定のない日は、基本的にこのルーティーンを守るようにしています。これ以上は仕事を増やせない、自分の限界だと認めているのです。

先ほどお伝えした「セルフブラック状態」を防ぐためです。

そして、淡々と自分の価値を高める行動をしています。これは「頑張りをステータスとする考え」から抜け出すためです。

たとえば、毎日何かしらの学びをするとしましょう。1年後にはかなりの知識やスキルが身につきますよね。新たに専門性や、物知りな自分、対応能力のある自分といったことがステータスに加わります。

私の場合は日々発信活動をしています。発信はすべて残りますので、発信すればするほど誰かの役に立つ内容が広がります。多少休んでも、これまでの発信がそのまま誰かの役に立ってくれるのです。もちろんアウトプット習慣となり知識の定着にも役立っています。

淡々とした自己成長が自信につながります。自信があれば、頑張りをほかの人に見せつけるような行動を取る必要はなくなります。

勉強や運動も1日だけ取り組んだとしても効果は少ないでしょう。習慣として続けなければなりません。

1日30分の筋トレも、1年続ければ大きな成果となり自信につながるはずです。蓄積する行動も含めてルーティーンに加えてみましょう。

## ○できる程度にやればいい

本書でも、ここまでに様々なことをお伝えしてきました。

真面目な方や、さらには完璧思考を持っている方であれば「よし、徹底的に取り入れていこう！」と考えてしまうこともあるでしょう。

でもすべては取り入れなくてＯＫです。

**「『無理したらできる』はできるではない」**と心得てください。

大事なのは「無理しなくてもできること」です。

人それぞれ能力も環境も違います。今抱えているものの悩み、その大きさから捉え方まで、誰ひとりとして同じ人はいません。

だから、**あなたにとっての「できる」で十分**です。

これを忘れないでほしいのです。

真面目さがある、完璧さを求める人の場合、ゼロ―１００の思考になりやすいのです。「こうしなければならない」と思えば、できない自分を責めてしまうでしょう。

また、思ったように休むことができず、やはり自分は休めない人間だと考えてしまうこともあるでしょう。これまで真面目な性格で生きてきたからこそ、その真面目な性格に救われたこともあるでしょう。

それらをすべて変える必要はありません。

少しずつゆるめていけば大丈夫です。

本書の第5章では「他人を許す」という考え方についてお伝えしました。

他人を許す、と言っても簡単に許せるものではありません。人に対して寛容な自分がいれば、そもそも悩んでいないのです。ふと、手を抜いている人に対して「けしからん！」と怒ってしまうこともあるでしょう。

それで、かまいません。

**大事なのは気づくこと。**

**そして、気づいたらゆるめようとしていくことです。**

とはいえ、いきなり人を許すのは難しいかもしれません。でも、ちょっとずつでいいのです。

今までに対して10回に1回、人を許せるようになれば1割も改善できています。これが2回に1回になれば、5割も改善していますよね、大成功です。

この「半分だけでも変わった」の素晴らしさに気づきましょう。

傷ついて自分を責める回数も半分になり、まったく休めなかった人生に「休む」という時間を入れることができるのです。

中には「10回に1回しか人を許せない」という人もいるでしょう。

自分なりに悩みを解決しようと考え本書を手に取り、そして実践して1割も改善したのです。

その行動を取れる人が世の中にどの程度いるでしょうか。

真面目な方ほど目標を高く設定する傾向があります。
目標が高ければ挫折したり、理想とのギャップで自分を否定したりしてしまいます。
それでは物事は続きません。無理を続ければ心がパンクしてメンタルダウンにもつながります。

人にはそれぞれ限界があります。その限界を多少超えることはできますが、大きく超えることはできません。

仕事で頭を抱えるほど悩んでいる方が、納得して休もうとしても難しいですよね。
その場合は仕事の問題を解決してから取り組むほうが安心でしょう。

私のもとに相談に来る方も、自分の限界を超え長く我慢してきた方が多いのです。
人生は有限ですが、長いものです。そしてあなた自身はどこにも行きません。いつでも自分と向き合い、行動することができるのです。

必死に不真面目になろうと考えれば、不真面目の意味を取り違えて、サボるような行動をしてしまう恐れもあります。周りの人も「あれ？　急にどうしたんだろう？」と思い、あなたから離れてしまう可能性もありますよね。

急激な変化をせず、ゆっくり自分の内面と向き合っていきましょう。

# ○おわりに

真面目な性格で生きていると、物事の捉え方も真面目になるものです。私も人生を計算するように生きていました。

20代のはじめの頃は、当時の恋人と結婚し、そのまま工場に勤めて生きていくと信じていました。毎月コツコツと貯金もして、まだ20代なのに自分が定年までにどのような暮らしをするかまで想像していたのです。

しかし、人生は思い通りにいきません。

25歳のときに別れることになり、当時思い描いていた人生は崩れてしまいました。

そのときにふと思ったのです。

貯金をしなくても生きていけるし、もっと適当に暮らしてみようと。

そこで、毎月の貯金をやめ、むしろ貯金をたくさん使うような生活をしてみることにしました。その結果、みるみる私の人生は好転していったのです。

「人生は壮大な暇つぶしである」

これは、今私が意識している言葉です。真面目でも不真面目でも、様々な体験ができますよね。むしろ不真面目くらいのほうが、考えすぎずに行動できるときもあるでしょう。

人生はたくさんのことを経験するほうが満足度も高くなる、と言われています。

何もかも真面目という目で見ていれば、面白いことを見逃すかもしれません。

人に迷惑をかけない範囲であれば人生は自由なんです。

今、あなたはどのように暮らしているでしょうか。

幼い頃に思い描いた、理想的な暮らしに向けて必死になっているかもしれません。

しかし、思うような暮らしができていないときこそ、もっと柔軟に物事を捉えてみましょう。

全力で仕事に取り組んだ結果、心身ともに消耗しきってしまえば、家に帰ってからのんびりする余力すらなくなってしまうかもしれません。

なのに「真面目な私」に縛られて本当の思いを我慢してしまう。これでは人生の大切なことを逃してしまいます。

私に届く相談やコメントから感じるのは、真面目すぎることで自分を苦しめている人が多いのではないかということ。

しっかり働かなければいけない。

どんな人にも優しく接しなければいけない。

苦手を克服しなければならない。

あなたは、その真面目さにどれほど苦しめられてきたのでしょうか。

もうちょっとゆるく働きたいと思ったこともあるでしょう。

嫌味な人と離れたいとも思うはずです。苦手なことも「もう許して」と幾度となく思ってきたのではありませんか。

真面目に取り組む姿勢は素晴らしいものです。
それはそれとして、真面目さで自分を苦しめる必要はありません。
あなたは、あなたの思うまま生きてかまわないのです。

私は今、世間の生き方と少しズレた生き方をしています。ほぼ在宅で個人事業に取り組んでいるため、人間関係のストレスもほとんどありません。将来的には陶芸や音楽、絵画などを楽しみつつ人の相談にこたえる「現代版の仙人」のような暮らしがしたいなぁと考えています。
私は真面目さを「自分らしい生き方」に使うことにしたのです。

周りがなんと言おうと、私は私らしく生きていく。

そのように決めて今も行動しています。嫌なことを嫌と言い、疲れたときはしっかり休む。こんな当たり前の日々がどれほど大切なものかを実感しています。

あなたも、これまでの人生で「真面目」という体験は飽きるほどしてきたでしょう。この辺りで、真面目さをゆるめて「面白い体験、意外な体験」や「その場に流されるような体験」を楽しんでみませんか。

すると、ずっと世界は広くて面白いことに気づきます。新しい体験ができると、新しい自分に出会えます。そして今まで自分を縛り付けていた真面目さから抜け出すことができるのです。

あなたがもっと自由に、そして気軽にこの世界を楽しめるよう、心より応援しております。

Ｒｙｏｔａ

著者紹介

**Ryota**　カウンセラー。行動心理士。HSPアドバイザー。製造業から講師業、カウンセラーなど多種多様な仕事を経験。15年以上のパラレルワークで身につけた対人スキル、大学で学んだ音楽療法や心理学・ジェンダーの知識を生かし、HSPの方からの相談対応や気質や性格に対する悩みに答える。
YouTube「ココヨワチャンネル」やInstagram、ネットラジオなどのSNSでも発信を行い、合計フォロワー数は27万人以上（2024年6月現在）。著書に『もう振り回されるのはやめることにした』（SBクリエイティブ）など。
本書は、「真面目」な人が、真面目ゆえに生きづらくなってしまう状況を、無理せず少しでもラクに生きられるためのヒントをまとめた。

真面目《まじめ》なままで
少《すこ》しだけゆるく生《い》きてみることにした

2024年 7 月 30 日　第 1 刷

著　　者　　Ryota《リョウタ》

発 行 者　　小 澤 源 太 郎

責任編集　　株式会社プライム涌光
電話　編集部　03（3203）2850

発 行 所　　株式会社青春出版社
東京都新宿区若松町12番1号〒162-0056
振替番号　00190-7-98602
電話　営業部　03（3207）1916

印刷　大日本印刷　　製本　フォーネット社

万一、落丁、乱丁がありました節は、お取りかえします。

ISBN978-4-413-23371-2 C0030